어휘 쑥쑥 논리 쑥쑥

초등
명심보감

心寶
明鑑

어휘 쑥쑥 논리 쑥쑥

초등
명심보감

★ 송재환 글 | 인호빵 그림

위즈덤하우스

책을 읽으면 좋다는 것은 누구나 다 압니다. 배경지식뿐만 아니라 어휘력, 이해력, 상상력, 창의력, 문제해결력이 좋아져 결국 독서를 잘하는 아이가 공부를 잘하게 됩니다.

일반 책을 읽어도 이렇게 좋은 장점들이 따라오는데 '책 중의 책'이라 할 수 있는 고전을 읽는다면 어떻게 될까요? 일반 책과는 비교할 수 없는 효과가 있습니다. 효과를 빗대자면 '일반 책이 홍삼이라면 고전은 산삼'이라고 빗댈 수 있겠습니다. 홍삼도 효과가 좋지만 산삼의 효능에는 비할 바가 아닙니다.

하지만 안타깝게도 산삼과 같은 고전을 읽고 싶어도 무슨 책을 어떻게 읽어야 하는지 모르는 부모님과 학생들을 많이 보았습니다. 심지어 학교 현장 교사들조차도 '고전 좋은 것은 알겠는데, 고전을 도대체 어떻게 읽히라는 것이냐?' 하는 질문을 많이 합니다. 특히 고전 중에서도 『명심보감』, 『논어』, 『채근담』과 같은 인문철학 고전 읽기는 일반 책 읽기와는 같은 듯하지만, 약간 다릅니다. 고전의 효과를 제대로 누리기 위해서는 반드시 고전의 특성에 맞는 책 읽기와 독후활동이 필수라고 말씀드리고 싶습니다.

이 책은 고전을 읽는 방법을 몰라 막막해하거나 좀 더 깊이 있는 고전 읽기를 원하는 학생과 학부모를 위한 책입니다. 워크북을 통해 고전을 읽다 보면 자신도 모르게 '깊이 있는 책 읽기' 방법에 대해 터득하게 될 것입니다. 이렇게 터득된 책 읽기 방법은 다른 책을 읽을 때도 적용이 되어 깊이 있는 독서가의 길로 들어설 수 있으리라 확신합니다.

이 책의 전편 격인 『인성 쑥쑥 한자 쑥쑥 초등 사자소학』 책이 과분한 사랑을 받았습니다. 많은 부모님들이 자녀의 바른 인성을 길러주기 위한 목마름이 있다는 것과 한자 공부에 대한 욕구가 크다는 것을 알게 되었습니다. 많은 독자들로부터 아이가 재미있어 하고 생각과 행동이 변하는 효과를 봤다는 이야기를 들었습니다. 이런 독자들의 반응에 힘입어 『사자소학』에 이어 『명심보감』 책을 출간하게 되었습니다.

『명심보감』은 서당교육이 이루어지던 조선시대에 『천자문』과 『사자소학』을 뗀 아이들이 교과서처럼 배우던 책입니다. 인간으로서 기본적으로 지켜야 할 덕목들로 구성되어 있으며 인격수양의 내용들로 가득합니다. 그 가운데 지금의 초등학생들에게 가장 적합하고 필요한 50구절을 선별해서 재미있는 만화와 함께 구성했습니다.

아무쪼록 이 책을 통해 아이들의 생각이 자라길 바라고 성숙한 인격을 갖추길 바랍니다. 무엇보다 수백 년 혹은 수천 년을 이어온 동양고전의 지혜와 통찰력이 아이들에게 전달되기를 기대해 봅니다.

재미있는 만화 작업을 해 주신 만화 작가님께 감사의 마음을 전합니다. 편집과 출간 과정에 애써 주신 출판사 관계자님들께도 감사의 마음을 전합니다. 또한 이 책을 선택해 주시고 사랑해 주신 독자분들께도 감사 인사를 전합니다. 마지막으로 집필할 때마다 놀라운 지혜를 부어주시는 아름다우신 하나님께 감사를 올립니다.

2022년 4월

초등교사작가 송재환

이 책은 어떻게 구성되어 있을까?

이 책은 20편 50구절로 이루어져 있습니다. 각 구절은 크게 '뜻풀이', '다 같이 생각하고 실천해요', '따라 읽고 따라 쓰기', '오늘의 퀴즈' 네 부분으로 구성되어 있습니다. 각 부분은 다음과 같은 의도로 구성되었습니다.

만화 명심보감

어쩌면 아이는 만화부터 다 읽을지도 모릅니다. 아이가 이런 모습을 보이더라도 만화만 읽지 말라고 닦달하지 마세요. 만화를 읽다 보면『명심보감』구절에 흥미가 생기고, 한번 흥미가 일어나면 쉽게 학습해 나갈 수 있습니다.

날짜

이 책은 하루에 한 구절씩 약 2개월에 걸쳐『명심보감』을 익히도록 구성되어 있습니다. 각 구절에 배우는 날짜를 적으세요!

위 구절의 뜻을 함께 생각해 볼까요?

그날 배워야 하는 『명심보감』 구절의 뜻을 좀 더 쉽고 구체적으로 풀이했습니다. 이 뜻풀이를 읽으면서 그동안 몰랐던 사실을 깨닫게 되기도 할 것입니다. 만약 부모님이 시간적 여유가 있어 자녀와 같이 한다면 부모님의 언어로 풀어서 설명해 주면 더욱 좋을 것입니다.

다 같이 생각하고 실천해요

구절의 뜻을 내 마음에 새기기 위해 깊이 묵상하고 내 삶의 모습을 비추어 봐야 합니다. 물음에 솔직하게 적고 사소한 것이라도 꼭 실천해 보시기 바랍니다. 『명심보감』과 같은 고전을 읽는 목적은 지식이나 좀 늘리고 아는 척이나 하자는 것이 아닙니다. 자신을 갈고닦으며 변화시켜 훌륭한 사람이 되기 위함입니다. 이 책에서 가장 중요한 부분이므로 부모님이 가장 신경 써서 확인해 주실 필요가 있습니다. 아주 사소한 일이라도 아이가 실천했다면 크게 칭찬해 주세요.

입으로 소리 내어 읽으면서 손으로 직접 써 보세요!

『명심보감』 구절을 큰 소리로 읽어 가면서 손으로 직접 써 보는 코너입니다. 구절을 소리 내어 읽으면서 한자와 그 뜻을 힘주어 쓰다 보면 가슴에 아로새겨질 것입니다. 정성껏 쓰노라면 흐트러진 글씨체도 바로잡을 수 있습니다. 그대로 따라 쓰는 형식으로 구성했으니 크게 어렵지 않을 것입니다. 다만 한자 따라 쓰기는 아이에 따라 어려워할 수 있습니다. 그래도 한번 써 보면 아이 실력 향상에 매우 도움이 됩니다. 쉬운 한자는 반복해서 많이 나옵니다. 자꾸 반복해서 적다 보면 자연스레 암기할 수 있습니다.

오늘의 퀴즈

매 구절마다 세 문제가 제공됩니다. 1번은 구절의 뜻을 아는지 확인하는 괄호 넣기 문제입니다. 2번과 3번은 구절 속 한자를 쓰는 문제입니다. 한자를 써 본 경험이 없는 아이도 한두 번 쓰다 보면 가랑비에 옷 젖듯이 한자 실력이 좋아지고 어휘도 늘어날 것입니다. 아이가 많이 어려워한다면 1번 문제만 풀리는 것도 좋은 방법입니다.

'오늘의 퀴즈' 정답지 활용

이 책에는 별도의 '오늘의 퀴즈' 정답지가 있습니다. 오늘의 퀴즈가 어렵지 않아서 아이 혼자서도 해결할 수 있겠지만, 부모님이 정답지를 가지고 채점하시면서 다른 과제들도 잘 수행했는지 점검해 주세요.

여러 용도로 다르게 쓰이는 한자의 표기

한자 중에는 한 가지로 쓰이지 않고 여러 가지로 쓰이는 한자도 있습니다. 예를 들어 '갈 지之'는 보통은 '가다'라는 뜻으로 쓰이지만, 문장의 중간에서 '어조사 지之'로 쓰여 '~의'를 뜻하기도 합니다. 문장 맨 마지막에 쓰이는 경우에는 '이것 지之'같이 지시대명사로 쓰이기도 합니다. '지之' 자처럼 구절 속 위치나 쓰임에 따라 다르게 쓰이는 한자는 그 뜻을 다르게 표기했으니 참고하시길 바랍니다.

차례

2장

안분, 존심, 계성, 근학, 훈자 편

본보기가 되는 태도

3장

성심, 입교, 치정, 치가, 안의 편
모두를 위한 생각

'작은 일도 무시하지 않고 최선을 다해야 한다. 작은 일에도 최선을 다하면 정성스럽게 된다. 오직 세상에서 지극히 정성을 다하는 사람만이 나와 세상을 변하게 할 수 있는 것이다.'
-『중용』23장 중

이 구절은 선생님이 반 친구들과 매일 큰 소리로 읽으면서 마음을 다잡는 구절입니다. 작은 일을 무시하지 않고 최선을 다하는 사람이 나와 세상을 변화시킬 수 있다는 것인데요, 약간은 뜬구름 잡는 말처럼 들릴 수 있습니다. 그런데 살아가면서 깨닫는 점은 이 말은 정말 진리라는 사실입니다.

여기서 말하는 '작은 일'은 무엇일까요? 정리정돈, 인사하기, 고운 말 쓰기 등등 모든 일이 따지고 보면 '큰 일'이 아닌 '작은 일'입니다. 작은 일 가운데서도 이 장에서 소개하는 것이 가장 중요하면서도 모든 일의 출발점이 되지 않을까 싶습니다.

'올바른 마음가짐'은 모든 일의 시작점입니다. 마음가짐을 어떻게 갖느냐에 따라 일의 과정과 결과는 달라집니다. 어떤 일을 하면서 자신의 마음가짐을 항상 들여다보려고 노력해 보세요. 여러분에게 좋은 결과를 가져다 줄 것입니다.

'올바른 마음가짐'은 어떤 마음가짐을 말하는 것일까요? 아마 이번 장에서 소개되는 착한 마음, 부모님께 효도하고자 하는 마음, 자신의 몸을 바르게 하려는 마음 등을 말할 겁니다. 이번 장을 통하여 올바른 마음가짐에 대해 다시 한번 생각해 보고 항상 마음가짐을 올바르게 갖는 친구들이 되기를 바랍니다.

1장

계선繼善**, 천명**天命**, 순명**順命
효행孝行**, 정기**正己 **편**

올바른 마음가짐

① 위선자 천보지이복 위불선자 천보지이화

爲 善 者 天 報 之 以 福 爲 不 善 者 天 報 之 以 禍

착한 일을 하는 사람에게는 하늘이 복을 주고,
나쁜 일을 하는 사람에게는 하늘이 재앙을 준다.

爲	善	者	는	天	報	之	以	福	하고,
할 위	착할 선	사람 자		하늘 천	갚을 보	어조사 지	써 이	복 복	

착한 일을 하는 사람에게는 하늘이 복을 주고,

爲	不	善	者	는	天	報	之	以	禍
할 위	아니 불	착할 선	사람 자		하늘 천	갚을 보	어조사 지	써 이	재앙 화

나쁜 일을 하는 사람에게는 하늘이 재앙을 준다.

위 구절의 뜻을 함께 생각해 볼까요?

위 구절은 『명심보감』의 가장 처음에 나오는 구절입니다. 선생님이 어렸을 때만 해도 부모님이나 선생님들께 '착하게 살아라'는 말을 자주 들었던 것 같습니다. '착한 일을 하는 사람에게는 하늘이 복을 주고, 나쁜 일을 하는 사람에게는 하늘이 재앙을 준다'라는 말이 사실이라면 착하게 사는 게 정말 중요한 듯합니다. 여러분은 착하게 살고 있나요?

다 같이 생각하고 실천해요.

1. 자신이 생각하는 '착한 일'과 '나쁜 일'을 적어 보고, 왜 그렇게 생각하는지 이유도 적어 보세요.

착한 일 : _____

나쁜 일 : _____

2. 자신이 생각하는 착한 일을 한 가지 정해 실천해 보고 자신의 느낌이나 생각을 적어 보세요.

실천할 착한 일 : _____

실천하고 난 후의 생각이나 느낌 : _____

爲	善	者	는	天	報	之	以	福	하고,
할 **위**	착할 **선**	사람 **자**		하늘 **천**	갚을 **보**	어조사 **지**	써 **이**	복 **복**	

착한 일을 하는 사람에게는 하늘이 복을 주고,

爲	不	善	者	는	天	報	之	以	禍
할 **위**	아니 **불**	착할 **선**	사람 **자**		하늘 **천**	갚을 **보**	어조사 **지**	써 **이**	재앙 **화**

나쁜 일을 하는 사람에게는 하늘이 재앙을 준다.

오늘의 퀴즈

1. 착한 일을 하는 사람에게는 하늘이 (　　　　　)을 주고, 나쁜 일을 하는 사람에게는 하늘이 (　　　　　)을 준다.

2. '보답', '보복', '보은'과 같은 말에 공통적으로 들어가는 '보'는 '갚는다'는 의미를 가지고 있습니다. '갚을 보' 자를 찾아 한자로 써 보세요.

_____

3. 사람들이 좋아하는 '복(福)'과 반대 개념을 가지고 있는 말로, '재앙'이나 '화'를 의미하는 한자를 찾아 써 보세요.

_____

물이선소이불위 물이악소이위지
勿 以 善 小 而 不 爲 勿 以 惡 小 而 爲 之

착한 일은 아무리 작더라도 해야 하며,
나쁜 일은 아무리 작더라도 해서는 안 된다.

勿	以	善	小	而	不	爲	하고,		
말 물	써 이	착할 선	작을 소	말 이을 이	아니 불	할 위			

착한 일은 아무리 작더라도 해야 하며,

勿	以	惡	小	而	爲	之	하라.		
말 물	써 이	악할 악	작을 소	말 이을 이	할 위	이것 지			

나쁜 일은 아무리 작더라도 해서는 안 된다.

 위 구절의 뜻을 함께 생각해 볼까요?

위 구절은 삼국지의 유비가 죽을 때 큰아들 유선에게 남긴 유언입니다. 황제 유비가 아들에게 남긴 말은 그저 '착한 일은 하고 나쁜 짓은 하지 말라'는 가르침이었습니다. 착하게 사는 것은 예전에는 황제가 죽으면서 아들에게 유언으로 남길 만큼 중요한 가치였습니다. 착하게 살기 위해서는 착한 일은 아무리 작더라도 실천하고, 나쁜 짓은 아무리 작더라도 하지 않는 습관을 가지는 것이 무엇보다 중요합니다.

 **다 같이 생각하고 실천해요.**

1. 만약 내가 유언을 남긴다면 어떤 말을 남기고 싶은가요?

_____

_____

2. 오늘 자신이 한 일 중에서 착한 일과 나쁜 일을 적어 보세요.

착한 일 :

_____

나쁜 일 :

_____

勿	以	善	小	而	不	爲	하고,			
말 **물**	써 **이**	착할 **선**	작을 **소**	말 이을 **이**	아니 **불**	할 **위**				

착한 일은 아무리 작더라도 해야 하며,

勿	以	惡	小	而	爲	之	하라.			
말 **물**	써 **이**	악할 **악**	작을 **소**	말 이을 **이**	할 **위**	이것 **지**				

나쁜 일은 아무리 작더라도 해서는 안 된다.

 오늘의 퀴즈

1. (   )은 아무리 작더라도 해야 하며, (   )은 아무리 작더라도
해서는 안 된다.

2. '소인', '소년', '소녀'와 같은 낱말에 쓰여서 '작다'라는 의미를 가진 한자를 찾아 써 보세요.

_____

3. '~하지 말라'와 같이 금지를 나타내는 문장 맨 앞에 쓰이곤 하는 '말 물' 한자를 찾아 써 보세요.

_____

③ 일일불념선 제악개자기
一 日 不 念 善 諸 惡 皆 自 起

하루라도 착한 일을 생각하지 않으면,
온갖 나쁜 일이 모두 저절로 일어난다.

一	日	不	念	善	이면,			
한 일	날 일	아니 불	생각 념	착할 선				

하루라도 착한 일을 생각하지 않으면,

諸	惡	皆	自	起	니라.			
모두 제	악할 악	다 개	스스로 자	일어날 기				

온갖 나쁜 일이 모두 저절로 일어난다.

위 구절의 뜻을 함께 생각해 볼까요?

착하게 살아가려면 어떻게 해야 할까요? 나쁜 짓을 안 하면 된다고 생각하기 쉽습니다. 하지만 쉽지 않습니다. 내 안에는 착한 마음도 있고 나쁜 마음도 있습니다. 착한 생각과 착한 일을 하면 착한 마음이 점점 내 마음에 많은 자리를 잡게 됩니다. 반대로 나쁜 마음은 점점 내 마음에서 자리를 잃고 맙니다. 짧은 순간이라도 자꾸 착한 일을 생각하세요. 그렇다면 자연스레 착한 사람이 될 수 있습니다.

다 같이 생각하고 실천해요.

착하게 살아가는 가장 좋은 방법은 착한 일을 계속 생각하는 것입니다. 내가 생각하는 착한 일들을 3가지 이상 적어 보고 한 가지만 실천해 보세요.

_____

_____

_____

一	日	不	念	善	이면,				
한 일	날 일	아니 불	생각 념	착할 선					

하루라도 착한 일을 생각하지 않으면,

諸	惡	皆	自	起	나라.				
모두 제	악할 악	다 개	스스로 자	일어날 기					

온갖 나쁜 일이 모두 저절로 일어난다.

오늘의 퀴즈

1. 하루라도 ( )을 생각하지 않으면, 온갖 ( )이 모두 저절로
일어난다.

2. '신념', '개념', '상념'과 같은 낱말에 공통적으로 쓰이는 말로, 우리말의 '생각'을 뜻하는 한자
를 찾아 써 보세요.

_____

3. 날을 셀 때 '하루, 이틀, 사흘, 나흘, 닷새'로 셉니다. '하루'라는 의미를 지닌 '날 일'을 찾아 한
자로 써 보세요.

_____

쉬어가는 마당 224쪽 ⋯⋯▶

27

순천자 존 역천자 망
順 天 者 存 逆 天 者 亡

하늘의 명에 따르는 사람은 살고,
하늘의 명에 거스르는 사람은 망한다.

順	天	者	는		存	하고,				
따를 순	하늘 천	사람 자			있을 존					

하늘의 명에 따르는 사람은 살고,

逆	天	者	는		亡	이니라.				
거스를 역	하늘 천	사람 자			망할 망					

하늘의 명에 거스르는 사람은 망한다.

위 구절의 뜻을 함께 생각해 볼까요?

'천명(天命)'편은 하늘의 명령, 즉 천명을 두려워하면서 살아가라는 내용을 담고 있습니다. '하늘이 두렵지도 않느냐?', '하늘 무서운 줄 알아라'와 같은 우리말들에는 옛날 사람들이 하늘에 대해 어떻게 생각했는지가 잘 나타나 있습니다. 옛날 사람들은 하늘의 명령에 따르며 살고자 했습니다. 하늘의 명령은 무엇일까요? 『명심보감』에서는 양심에 따라 착하게 살아가는 것이라 말하고 있습니다. 여러분은 하늘의 명령이 무엇이라 생각하나요?

다 같이 생각하고 실천해요.

1. '하늘의 명에 따르는 사람은 살고, 하늘의 명에 거스르는 사람은 망한다'라고 했습니다. 하늘의 명에 따르는 사람은 어떤 사람일까요? 또, 하늘의 명에 거스르는 사람은 어떤 사람일까요?

하늘의 명에 따르는 사람 :
_____
하늘의 명에 거스르는 사람 :
_____

2. '하늘의 명에 거스르는 사람은 망한다'라고 했습니다. 혹시 나의 행동 중에 하늘의 명을 거스르는 일이라 생각되는 일은 없나요?

_____

입으로 소리 내어 읽으면서 손으로 직접 써 보세요!

順	天	者	는	存	하고,				
따를 **순**	하늘 **천**	사람 **자**		있을 **존**					

하늘의 명에 따르는 사람은 살고,

逆	天	者	는	亡	아니라.				
거스를 **역**	하늘 **천**	사람 **자**		망할 **망**					

하늘의 명에 거스르는 사람은 망한다.

오늘의 퀴즈

1. 하늘의 명에 (   ) 사람은 살고, 하늘의 명에 (   ) 사람은 망한다.

2. '순종', '순순히', '순응' 등에 공통적으로 쓰이는 말로, 우리말의 '따르다', '좇다'의 뜻을 가진 한자를 찾아 써 보세요.

_____

3. 삶과 죽음을 '생사(生死)'라는 말로 표현하기도 하지만 '존망'이라는 말도 많이 사용합니다. 삶과 죽음을 아울러 이르는 '존망'을 찾아 한자로 써 보세요.

_____

5

악관약만 천필주지
惡鑵若滿 天必誅之

만약 악한 마음이 가득 차면,
하늘이 반드시 그를 죽일 것이다.

惡	鑵	若	滿	이면,				
악할 악	두레박 관	만약 약	가득할 만					
만약 악한 마음이 가득 차면,								

天	必	誅	之	니라.				
하늘 천	반드시 필	벨 주	이것 지					
하늘이 반드시 그를 죽일 것이다.								

위 구절의 뜻을 함께 생각해 볼까요?

옛날에는 우물에서 물을 푸기 위해 바가지에 긴 줄을 매달아 놓은 두레박을 사용하였습니다. 위 구절에서는 사람의 마음을 두레박에 빗대어 표현했습니다. 두레박에 물이 가득 차면 흘러넘치듯이 사람 마음에도 악한 마음이 가득 차면 흘러넘치게 됩니다. 위 구절에 의하면 나쁜 사람들은 반드시 하늘의 벌을 받는다고 하였으니 착하게 살아가야 하지 않을까요?

다 같이 생각하고 실천해요.

사소한 잘못이라도 계속 반복적으로 하면 나중에는 크게 잘못될 수 있습니다. 내가 자주 저지르는 사소한 잘못을 적어 보고, 이를 고치기 위해서는 어떻게 해야 할지 그 방법을 생각해 보세요.

_____

_____

_____

惡	鑵	若	滿	이면,					
악할 **악**	두레박 **관**	만약 **약**	가득할 **만**						

만약 악한 마음이 가득 차면,

天	必	誅	之	니라.					
하늘 **천**	반드시 **필**	벨 **주**	이것 **지**						

하늘이 반드시 그를 죽일 것이다.

오늘의 퀴즈

1. 만약 ( )이 가득 차면, ( )이 반드시 그를 죽일 것이다.

2. '만족', '불만족', '충만'과 같은 낱말에 공통적으로 쓰이는 말로, 우리말의 '모자람 없이 마음에 흡족함'을 뜻하는 한자를 찾아 써 보세요.

_____

3. '필히', '필수', '필시', '필경'과 같은 낱말에 쓰이는 말로, 우리말의 '반드시, 꼭, 확실히'와 같은 뜻을 가진 한자를 찾아 써 보세요.

_____

종과득과 종두득두
種 瓜 得 瓜 種 豆 得 豆

오이를 심으면 오이를 얻고,
콩을 심으면 콩을 얻는다.

種	瓜	得	瓜	요,				
씨 종	오이 과	얻을 득	오이 과					

오이를 심으면 오이를 얻고,

種	豆	得	豆	니라.				
씨 종	콩 두	얻을 득	콩 두					

콩을 심으면 콩을 얻는다.

 ## 위 구절의 뜻을 함께 생각해 볼까요?

우리 속담에 '콩 심은 데 콩 나고, 팥 심은 데 팥 난다'라는 말이 있지요. 이 속담은 원인에 따라 결과가 생기기 마련이라는 뜻입니다. 이 속담과 똑같은 구절이 바로 위 구절입니다. 시험에서 100점을 받기 위해서는 엄청난 노력을 해야 100점이라는 결과를 받을 수 있습니다. 힘들고 어렵더라도 오늘 좋은 것을 심으면 나중에 좋은 것을 거둘 수 있습니다.

 ## 다 같이 생각하고 실천해요.

1. '오이를 심으면 오이를 얻고, 콩을 심으면 콩을 얻는다'와 같이 어떤 일이 원인이 되어 결과가 생긴 일이 있다면 적어 보세요.

_____

_____

2. 콩 심은 데 콩 나듯, 좋은 것을 심으면 좋은 것을 얻을 수 있습니다. 나는 내 인생에 어떤 좋은 것들을 심고 있나요?

_____

種	瓜	得	瓜	요,					
씨 **종**	오이 **과**	얻을 **득**	오이 **과**						

오이를 심으면 오이를 얻고,

種	豆	得	豆	니라.					
씨 **종**	콩 **두**	얻을 **득**	콩 **두**						

콩을 심으면 콩을 얻는다.

오늘의 퀴즈

1. 오이를 심으면 (   )를 얻고, 콩을 심으면 (   )을 얻는다.

2. '종자', '모종', '종묘'와 같은 낱말에 공통적으로 쓰이는 말로, 우리말의 '씨앗'을 뜻하는 한자를 찾아 써 보세요.

_____

3. 우리가 마시는 '두유', 건강에 좋은 '두부'에 쓰이는 말로, 콩을 뜻하는 한자를 찾아 써 보세요.

_____

쉬어가는 마당 225쪽 ⋯⋯

❼ 사생 유명 부귀 재천
死 生 有 命 富 貴 在 天

죽고 사는 것이 하늘의 명령에 있고,
부유함과 귀함은 하늘에 달려 있다.

死	生	이	有	命	이오,			
죽을 사	살 생		있을 유	명할 명				

죽고 사는 것이 하늘의 명령에 있고,

富	貴	는	在	天	이라.			
부할 부	귀할 귀		있을 재	하늘 천				

부유함과 귀함은 하늘에 달려 있다.

위 구절의 뜻을 함께 생각해 볼까요?

'천명(天命)'편이 하늘의 명령을 알고 착하게 살 것을 강조했다면 '순명(順命)'편은 하늘의 명령에 순종하면서 살라는 내용입니다. '순명(順命)'편에서 강조하는 것은 자신의 본분과 분수를 깨닫고 욕심에 이끌려 자신을 망치지 말고, 하늘의 명령에 따라 살아가라는 가르침입니다. 부자가 되고 귀한 사람이 되는 것이 내 욕심대로 되는 것이 아니라 하늘의 뜻에 달렸으니 겸손한 자세로 살아가라는 가르침을 주고 있습니다.

다 같이 생각하고 실천해요.

대부분 사람들은 부자가 되려고, 높은 자리에 오르려고 합니다. 하지만 이런 부귀가 사람에게 달린 것이 아니라 하늘에 달렸다고 합니다. 이것에 대한 자신의 생각을 적어 보세요.

_____

_____

_____

死	生	이	有	命	이오,				
죽을 **사**	살 **생**		있을 **유**	명할 **명**					

죽고 사는 것이 하늘의 명령에 있고,

富	貴	는	在	天	이라.				
부할 **부**	귀할 **귀**		있을 **재**	하늘 **천**					

부유함과 귀함은 하늘에 달려 있다.

오늘의 퀴즈

1. ( ) 사는 것이 하늘의 명령에 있고, ( )과 귀함은 하늘에 달려 있다.

2. '생일', '생명', '생존'과 같은 낱말에 공통적으로 쓰이는 말로, 우리말 '살다'의 뜻을 지닌 한자를 찾아 써 보세요.

_____

3. '부귀공명'은 재물이 많고 지위가 높으며 공을 세워 이름을 떨치는 것을 말합니다. 이 중에서 '부귀'를 한자로 써 보세요.

_____

만사 분이정 부생 공자망
萬事 分已定 浮生 空自忙

모든 일은 이미 분수가 정해져 있는데,
덧없는 사람들이 부질없이 혼자서 바쁘게 산다.

萬	事	가	分	己	定	이어늘,			
일만 만	일 사		나눌 분	이미 이	정할 정				
모든 일은 이미 분수가 정해져 있는데,									

浮	生	이	空	自	忙	이니라.			
뜰 부	살 생		빌 공	스스로 자	바쁠 망				
덧없는 사람들이 부질없이 혼자서 바쁘게 산다.									

위 구절의 뜻을 함께 생각해 볼까요?

요즘엔 어른들은 말할 것도 없고 아이들도 '바쁘다', '시간 없다'라는 말을 입에 달고 삽니다. 학교 끝나기 무섭게 학원 가기 바쁘고, 집에 가서는 숙제하고 공부하기 바쁩니다. 이렇게 바쁘게 돌아가는 일상 속에서 이 구절을 한번 되새겨 보기 바랍니다. 마음이 한결 가벼워질 겁니다. 바쁘게 산다고 잘 사는 것은 아닙니다. 제대로 된 방향으로 가고 있느냐가 더 중요합니다. 만약 방향이 잘못되었는데 바쁘게 살아가고 있다면 정말 덧없는 인생이 될 것입니다.

다 같이 생각하고 실천해요.

자신의 삶을 되돌아봅시다. 하루가 너무 바쁘게 지나가고 있나요? 바쁜 이유가 무엇이라고 생각하나요?

_____

_____

_____

萬	事	가	分	己	定	이어늘,			
일만 **만**	일 **사**		나눌 **분**	이미 **이**	정할 **정**				

모든 일은 이미 분수가 정해져 있는데,

浮	生	이	空	自	忙	이니라.			
뜰 **부**	살 **생**		빌 **공**	스스로 **자**	바쁠 **망**				

덧없는 사람들이 부질없이 혼자서 바쁘게 산다.

오늘의 퀴즈

1. 모든 일은 이미 ( )가 정해져 있는데, 덧없는 사람들이 부질없이 혼자서
( ) 산다.

2. '분수', '분해', '분열'과 같은 낱말에 공통적으로 쓰이는 말로, 우리말의 '나누다'의 뜻을 지닌 한자를 찾아 써 보세요.

---

3. '만사 제쳐두고 숙제부터 해라'라는 말에서 '만사'라는 말은 '모든 일'이라는 뜻입니다. '만사' 를 한자로 써 보세요.

47

9 화불가이행면 복불가이재구

禍 不 可 以 倖 免 福 不 可 以 再 求

화는 요행히 피할 수 없는 것이오, 복은 두 번 얻을 수 없느니라.

禍	不	可	以	倖	免	이오,			
재앙 화	아니 불	가히 가	써 이	요행 행	면할 면				

화는 요행히 피할 수 없는 것이오,

福	不	可	以	再	求	니라.			
복 복	아니 불	가히 가	써 이	두 번 재	구할 구				

복은 두 번 얻을 수 없느니라.

위 구절의 뜻을 함께 생각해 볼까요?

'뜻밖에 얻은 행운'을 '요행(僥倖)'이라고 합니다. 요행은 일어나기 희박한 행운을 일컫는 말로 좋은 의미는 아닙니다. 나쁜 행동으로 인해 생기는 재앙은 요행으로도 피할 수 없다고 말합니다. 때문에 화를 불러올 나쁜 행동은 하지 말아야 합니다. 또한 나에게 찾아오는 복은 감사하고 소중하게 받아야지, 그냥 지나쳐 버리면 두 번 다시 그 복을 얻을 수 없습니다. 기회나 복은 자신에게 찾아 왔을 때 잘 잡아서 자신의 것으로 만드는 것이 중요합니다.

다 같이 생각하고 실천해요.

1. 지나쳐 버린 복은 두 번 다시 얻을 수 없다고 했습니다. 자신의 삶을 돌아보고 자신이 이제까지 받은 복은 무엇이고 놓친 복은 무엇인지 생각해 보고 적어 보세요.

받은 복 :

놓친 복 :

2. 앞으로 살아가면서 자신에게 꼭 찾아오면 좋겠다고 생각하는 복이 있나요?

禍	不	可	以	倖	免	이오,				
재앙 **화**	아니 **불**	가히 **가**	써 **이**	요행 **행**	면할 **면**					

화는 요행히 피할 수 없는 것이오,										

福	不	可	以	再	求	니라.				
복 **복**	아니 **불**	가히 **가**	써 **이**	두 번 **재**	구할 **구**					

복은 두 번 얻을 수 없느니라.										

오늘의 퀴즈

1. (   )는 요행히 피할 수 없는 것이오, (   )은 두 번 얻을 수 없느니라.

2. 우연한 이익을 얻고자 요행을 바라는 마음을 '사행심'이라고 합니다. '요행'을 뜻하는 한자를 찾아 써 보세요.

_____

3. 재앙과 복을 아울러 '화복'이라고 부릅니다. '화복'의 한자를 찾아 써 보세요.

_____

쉬어가는 마당 226쪽 ⋯⋯▶

⑩ 부혜생아 모혜국아
父兮生我 母兮鞠我

아버지는 나를 낳으시고, 어머니는 나를 기르셨다.

父	兮	生	我	하시고,				
아비 부	어조사 혜	날 생	나 아					
아버지는 나를 낳으시고,								

母	兮	鞠	我	하신다.				
어미 모	어조사 혜	기를 국	나 아					
어머니는 나를 기르셨다.								

위 구절의 뜻을 함께 생각해 볼까요?

'효행(孝行)'편에는 모든 행동의 근본이라 할 수 있는 효(孝)에 관한 내용이 모여 있습니다. 우리 조상들은 충(忠)과 효(孝)를 인간의 가장 중요한 덕목으로 보았습니다. 그중에서도 효(孝)를 가장 중시했습니다. 효도란 무엇일까요? 자식이 어버이를 공경하고 잘 섬겨 부모님을 기쁘게 해 드리는 것이 효도입니다. '아버지는 나를 낳으시고, 어머니는 나를 기르셨다'는 구절을 생각해 보세요. 아마 부모님께 감사한 생각이 저절로 생길 것입니다.

다 같이 생각하고 실천해요.

1. 나를 낳아 주시고 길러 주신 부모님께 감사하는 마음을 갖는 것이 효도라고 생각합니다. 여러분은 무엇이 효도라고 생각하는지 적어 보세요.

_____

_____

2. '아버지는 나를 낳으셨고, 어머니는 나를 기르셨다'라는 구절에서 '아버지는 나를 낳으셨다'라는 뜻은 무엇일까요? 자신의 생각을 적어 보세요.

_____

父	兮	生	我	하시고,					
아비 **부**	어조사 **혜**	날 **생**	나 **아**						

아버지는 나를 낳으시고,

母	兮	鞠	我	하셨다.					
어미 **모**	어조사 **혜**	기를 **국**	나 **아**						

어머니는 나를 기르셨다.

오늘의 퀴즈

1. ( )는 나를 낳으시고, ( )는 나를 기르셨다.

2. '부혜생아 모혜국아' 구절에 두 번 나오는 한자 중에서 '나'를 뜻하는 한자를 찾아 써 보세요.

_____

3. 아빠와 엄마를 가리켜 '부모'라고 합니다. '부모'를 한자로 써 보세요.

_____

⑪ 부명소 유이불락 식재구즉토지
父命召 唯而不諾 食在口則吐之

아버지가 부르시면 곧바로 대답하고 머뭇거리면 안 되며,
음식이 입에 있으면 뱉고 달려가라.

父	命	召	하면	唯	而	不	諾	하며,		
아비 부	명할 명	부를 소		오직 유	말 이을 이	아니 불	대답할 락			

아버지가 부르시면 곧바로 대답하고 머뭇거리면 안 되며,

食	在	口	則	吐	之	니라.				
음식 식	있을 재	입 구	곧 즉	토할 토	이것 지					

음식이 입에 있으면 뱉고 달려가라.

위 구절의 뜻을 함께 생각해 볼까요?

부모님들이 가장 속상할 때가 언제라고 생각하나요? 대부분 부모님이 아마 자녀가 '말 안 들을 때' 와 '불러도 대답 안 할 때'라는 답변이 가장 많을 겁니다. 부모님께 효도하는 방법을 잘 모르겠다고 말하는 친구들에게, 부모님이 불렀을 때 대답 잘 하는 것을 추천하고 싶습니다. 효도는 거창한 것이 아니라 사소한 것에서 부모님을 기쁘게 해 드리는 것입니다.

다 같이 생각하고 실천해요.

1. 부모님이 나를 부르실 때 나는 대답을 잘 하나요? 대답하고 얼른 부모님께 달려가나요? 부모님이 불렀을 때 자신의 모습을 적어 보세요. 그리고 고칠 점이 있다면 적어 보세요.

_____

_____

2. 『명심보감』에서는 부모님이 불렀을 때 입안에 음식이 있으면 '뱉고 달려가라'고 가르칩니다. 나는 어떻게 하고 있나요? 그리고 음식을 뱉고 달려가라는 가르침을 어떻게 생각하나요?

_____

父	命	召	하면	唯	而	不	諾	하며,		
아비 **부**	명할 **명**	부를 **소**		오직 **유**	말 이을 **이**	아니 **불**	대답할 **락**			

아버지가 부르시면 곧바로 대답하고 머뭇거리면 안 되며,

食	在	口	則	吐	之	니라.			
음식 **식**	있을 **재**	입 **구**	곧 **즉**	토할 **토**	이것 **지**				

음식이 입에 있으면 뱉고 달려가라.

오늘의 퀴즈

1. 아버지가 부르시면 곧바로 ( )하고 머뭇거리면 안 되며, 음식이 입에 있으면 ( ) 달려가라.

2. 먹은 음식을 게워 내는 것을 '구토' 또는 '토악질'이라고 합니다. 이 낱말들에 공통으로 들어가는 '토하다'라는 뜻의 한자를 찾아 써 보세요.

---

3. '식사', '식구', '식단', '식당'과 같은 낱말에 공통으로 들어가는 글자를 생각해 보고, '음식'이나 '먹다'라는 뜻을 지닌 한자를 찾아 써 보세요.

---

⑫ 효어친 자역효지 신기불효 자하효언

孝 於 親 子 亦 孝 之 身 旣 不 孝 子 何 孝 焉

내가 부모님께 효도하면 자식도 나에게 효도할 것이오,
내가 부모님께 불효했는데 자식이 어찌 효도하겠는가?

孝	於	親	하면	子	亦	孝	之	하나니,
효도 효	어조사 어	어버이 친		아들 자	또 역	효도 효	이것 지	

내가 부모님께 효도하면 자식도 나에게 효도할 것이오,

身	旣	不	孝	하면	子	何	孝	焉	이리오.
몸 신	이미 기	아니 불	효도 효		아들 자	어찌 하	효도 효	어조사 언	

내가 부모님께 불효했는데 자식이 어찌 효도하겠는가?

위 구절의 뜻을 함께 생각해 볼까요?

옛날 사람들은 효도하지 않는 사람이 결혼해서 아이를 낳으면 똑같이 효도하지 않는 아이를 낳는다고 생각했습니다. 여러분이 나중에 결혼해서 아이를 낳으면 어떤 아이가 나올지 궁금한가요? 여러분과 비슷한 아이가 나올 것입니다. 부모님께 효도하는 친구들은 걱정 안 해도 될 것 같습니다. 여러분처럼 부모님께 효도하는 아이가 태어날 테니 말입니다.

다 같이 생각하고 실천해요.

1. 내가 커서 결혼을 하면 아이를 낳을 텐데 그 아이는 나에게 효도를 할까요? 아니면 불효를 할까요? 자신의 생각과 그 이유를 적어 보세요.

_____

_____

2. 내가 커서 자식을 낳았는데 만약 그 자녀가 말을 안 듣고 속을 썩이면 뭐라고 타이를 것인지 적어 보세요.

_____

孝	於	親	하면	子	亦	孝	之	하시니,
효도 **효**	어조사 **어**	어버이 **친**		아들 **자**	또 **역**	효도 **효**	이것 **지**	

내가 부모님께 효도하면 자식도 나에게 효도할 것이오,

身	旣	不	孝	하면	子	何	孝	焉	이리오.
몸 **신**	이미 **기**	아니 **불**	효도 **효**		아들 **자**	어찌 **하**	효도 **효**	어조사 **언**	

내가 부모님께 불효했는데 자식이 어찌 효도하겠는가?

오늘의 퀴즈

1. 내가 부모님께 효도하면 자식도 나에게 (   )할 것이오, 내가 부모님께
(   )했는데 자식이 어찌 효도하겠는가?

2. '효(孝)자'를 자세히 보면 자식(子)이 늙은(老) 부모를 등에 업고 있는 모양을 하고 있습니다.
이런 모습이 효도가 아닐까요? 효도의 의미를 생각하면서 '효'를 한자로 써 보세요.

---

3. '신체', '신장', '자신' 등의 낱말에 공통적으로 사용되는 '신'은 내 몸을 뜻합니다. 내 몸과 자
신을 뜻하는 '신'을 한자로 써 보세요.

쉬어가는 마당 228쪽 ⋯▸

⑬ 견인지선이심기지선 견인지악이심기지악
見人之善而尋己之善 見人之惡而尋己之惡

다른 사람의 착함을 보면 나도 착함이 있나 살피고,
다른 사람의 악함을 보면 나도 악함이 있나 살펴라.

見	人	之	善	而	尋	己	之	善	하고,
볼 견	사람 인	어조사 지	착할 선	말 이을 이	찾을 심	몸 기	어조사 지	착할 선	
다른 사람의 착함을 보면 나도 착함이 있나 살피고,									

見	人	之	惡	而	尋	己	之	惡	이니라.
볼 견	사람 인	어조사 지	악할 악	말 이을 이	찾을 심	몸 기	어조사 지	악할 악	
다른 사람의 악함을 보면 나도 악함이 있나 살펴라.									

 ## 위 구절의 뜻을 함께 생각해 볼까요?

'정기(正己)'편은 남의 탓을 멈추고 자기의 몸을 먼저 바르게 하라고 가르치고 있습니다. 학교에서 친구들끼리 다툼이 일어날 때, 왜 다투었냐고 물으면 상대가 잘못했기 때문이라고 탓을 하는 경우가 대부분입니다. 정말 나는 잘못이 없고 다 친구 탓일까요? 비난하기 전에 내 모습을 먼저 봐야 할 것입니다. 또한 다른 사람의 좋은 점이 있으면 그 좋은 점을 배우려고 하고, 다른 사람의 나쁜 점이 있다면 나에게도 같은 나쁜 점이 없는지를 되돌아봐야 합니다.

 ## 다 같이 생각하고 실천해요.

나의 좋은 점과 나쁜 점을 한두 가지씩 적어 보세요. 그리고 좋은 점은 더욱 키워가고 나쁜 점은 없애려고 노력해 보세요.

나의 좋은 점 :

_____

_____

나의 나쁜 점 :

_____

_____

見	人	之	善	而	尋	己	之	善	하고,
볼 견	사람 인	어조사 지	착할 선	말 이을 이	찾을 심	몸 기	어조사 지	착할 선	

다른 사람의 착함을 보면 나도 착함이 있나 살피고,

見	人	之	惡	而	尋	己	之	惡	이니라.
볼 견	사람 인	어조사 지	악할 악	말 이을 이	찾을 심	몸 기	어조사 지	악할 악	

다른 사람의 악함을 보면 나도 악함이 있나 살펴라.

오늘의 퀴즈

1. 다른 사람의 착함을 보면 나도 (   )이 있나 살피고, 다른 사람의 악함을 보면 나도 (   )이 있나 살펴라.

2. '선악'은 착함과 나쁨을 뜻하는 낱말로 서로 반대되는 말이 한 몸처럼 붙어 있습니다. 내 안에 어떤 선악이 같이 살고 있는지 생각하면서 '선악'을 한자로 써 보세요.

_____

3. '견해', '의견', '식견', '소견'과 같은 낱말에 공통적으로 사용되는 '견'은 '본다'는 의미를 지니고 있습니다. '견'을 한자로 써 보세요.

_____

14 문인지방 미상노 문인지예 미상희
聞人之謗 未嘗怒 聞人之譽 未嘗喜

남의 비난을 듣더라도 성급히 화내지 말며,
남의 칭찬을 듣더라도 성급히 기뻐하지 말라.

聞	人	之	謗	이라도	未	嘗	怒	하며,
들을 문	사람 인	어조사 지	헐뜯을 방		아닐 미	일찍이 상	성낼 노	

남의 비난을 듣더라도 성급히 화내지 말며,

聞	人	之	譽	라도	未	嘗	喜	하라.
들을 문	사람 인	어조사 지	칭찬할 예		아닐 미	일찍이 상	기쁠 희	

남의 칭찬을 듣더라도 성급히 기뻐하지 말라.

 위 구절의 뜻을 함께 생각해 볼까요?

사람을 흥분시킬 수 있는 것이 두 가지가 있는데 바로 비난과 칭찬입니다. 다른 사람에게 비난을 듣고 기분이 좋은 사람은 없을 것입니다. 하지만 비난이 맞는 사실이라면 나를 돌아보는 기회로 삼으세요. 남이 나를 칭찬한다고 마냥 좋아하지 마세요. 칭찬을 안 들으면 무기력에 빠질 수 있고 칭찬에 이용당할 수도 있습니다. 칭찬이라고 무조건 좋은 것은 아닙니다.

 **다 같이 생각하고 실천해요.**

위의 구절에 비춰 볼 때 자신의 모습을 생각해 보세요. 나는 남의 비난을 들었을 때 어떻게 반응하나요? 또, 남의 칭찬을 들었을 때 어떻게 반응하나요?

_____

_____

_____

聞	人	之	謗	이라도	未	嘗	怒	하며,		
들을 **문**	사람 **인**	어조사 **지**	헐뜯을 **방**		아닐 **미**	일찍이 **상**	성낼 **노**			

남의 비난을 듣더라도 성급히 화내지 말며,

聞	人	之	譽	라도	未	嘗	喜	하라.		
들을 **문**	사람 **인**	어조사 **지**	칭찬할 **예**		아닐 **미**	일찍이 **상**	기쁠 **희**			

남의 칭찬을 듣더라도 성급히 기뻐하지 말라.

오늘의 퀴즈

1. 남의 (　　　　　　　　)을 듣더라도 성급히 화내지 말며, 남의 (　　　　　　　　)을 듣더라도 성급히 기뻐하지 말라.

2. 남을 헐뜯고 비난하여 말하는 것을 '비방'이라고 합니다. 비난하고 헐뜯는다는 의미의 한자를 찾아 써 보세요.

---

3. 사람이 살아가면서 느끼는 네 가지 감정, 즉 '기쁨, 성냄, 슬픔, 즐거움'을 가리켜 '희로애락'이라고 합니다. 이 중 기쁨과 성냄을 뜻하는 '희로'를 찾아 한자로 써 보세요.

---

⑮ 무용지변 불급지찰 기이물치

無 用 之 辯 不 急 之 察 棄 而 勿 治

쓸데없는 말과 급하지 않은 일은 내버려 두고 하지 말라.

無	用	之	辯	과	不	急	之	察	은
없을 무	쓸 용	어조사 지	말할 변		아니 불	급할 급	어조사 지	살필 찰	

쓸데없는 말과 급하지 않은 일은

棄	而	勿	治	하라.					
버릴 기	말 이을 이	말 물	다스릴 치						

내버려 두고 하지 말라.

위 구절의 뜻을 함께 생각해 볼까요?

해야 할 말을 하지 않아서 후회하기보다는 하지 말아야 할 말을 해서 후회를 하곤 합니다. 또한 급하지도 않고 중요하지도 않은 일만 하다가 하루가 다 가면, 잠자리에 들 때 꼭 후회가 밀려오곤 합니다. 꼭 해야 하는 말과 정말 중요한 일을 먼저 하세요. 그러면 우리가 하는 후회가 절반 이상은 줄어들 것입니다.

다 같이 생각하고 실천해요.

1. 내가 평소 자주 하는 말 중에서 쓸데없는 말이라서 내버려야 할 말이 있나요? 있다면 적어 보고 그 말을 하지 않으려고 노력해 보기 바랍니다.

_____

2. 내가 자주 하는 일 중에서 급하지도 않고 중요하지도 않은데 매번 빠져드는 일이 있나요? 있다면 적어 보고, 내가 그 일에 왜 빠져드는지 이유까지 생각해 보세요.

_____

입으로 소리 내어 읽으면서 손으로 직접 써 보세요!

無	用	之	辯	과		不	急	之	察	은
없을 **무**	쓸 **용**	어조사 **지**	말할 **변**			아니 **불**	급할 **급**	어조사 **지**	살필 **찰**	

쓸데없는 말과 급하지 않은 일은

棄	而	勿	治	하라.						
버릴 **기**	말 이을 **이**	말 **물**	다스릴 **치**							

내버려 두고 하지 말라.

오늘의 퀴즈

1. (   ) 말과 (   ) 일은 내버려 두고 하지 말라.

2. 쓸모없는 사람이나 물건을 이르러 '무용지물'이란 말을 씁니다. '쓸모없다'라는 뜻의 '무용'이 라는 말을 한자로 써 보세요.

___

3. '관찰', '고찰', '순찰', '시찰'과 같은 낱말에 공통적으로 사용되는 '찰'은 '살핀다'는 의미를 지 니고 있습니다. 살핀다는 의미의 '찰'을 한자로 써 보세요.

___

쉬어가는 마당 230쪽 ⋯⋯▶

교실에서 다른 친구들과 사이좋게 지내고 사랑받는 친구들을 보면 '본보기가 되는 태도'를 가지고 있는 것을 발견하게 됩니다. 여러분은 '본보기가 되는 태도'가 무엇이라고 생각하나요?

먼저 이기적이지 않은 태도를 꼽을 수 있습니다. 자기 욕심만 부리고 이기적인 사람은 항상 다른 사람들과 다툼을 일으키고 미움을 삽니다. 하지만 자기 욕심을 내려놓고 다른 사람을 존중하고 배려하면 사랑을 많이 받습니다.

또한 쉽게 화내지 않고 잘 참는 태도를 꼽을 수 있습니다. 사소한 것에도 화를 내고 참을 줄 모르는 사람을 좋아하는 사람은 없습니다. 어려운 상황도 참고 이겨내는 사람은 다른 사람들의 본이 되기 마련입니다.

마지막으로 자기 할 일을 열심히 하는 것은 본보기가 되는 태도의 으뜸으로 꼽을 수 있습니다. 학생의 할 일은 무엇일까요? 당연히 열심히 배우고 공부하는 것이겠지요. 열심히 공부하는 학생의 모습이 아름답게 보이는 것은 학생이 마땅히 해야 할 일을 하기 때문입니다.

이번 장을 배우면서 '본보기가 되는 태도'에 대해 생각하고 다른 사람들의 본보기가 되는 인생을 살아가기를 기원합니다.

2장

안분安分, 존심存心, 계성戒性
근학勤學, 훈자訓子 편

본보기가 되는 태도

16 지족가락 무탐즉우

知足可樂 務貪則憂

만족할 줄 알면 즐거울 것이오,
욕심부리기를 힘쓰면 근심스럽다.

知	足	可	樂	이오,				
알 지	족할 족	가히 가	즐거울 락					
만족할 줄 알면 즐거울 것이오,								

務	貪	則	憂	니라.				
힘쓸 무	탐할 탐	곧 즉	근심 우					
욕심부리기를 힘쓰면 근심스럽다.								

위 구절의 뜻을 함께 생각해 볼까요?

'안분(安分)'편은 평안한 삶을 살아갈 수 있는 방법에 대해 말해 줍니다. 이는 욕심을 버리고 분수에 맞게 사는 것이라고 말합니다. 사람의 욕심은 세상 모든 것으로도 채울 수 없습니다. 욕심은 적당히 멈춰야 하는 것입니다. 자신을 알고 만족감을 느끼면 마음이 즐겁고 평안하게 살 수 있습니다. 하지만 만족할 줄 모르고 욕심을 부리면 근심과 걱정이 떠나지 않으며 미움도 받게 되고, 욕심 때문에 일생을 망치기도 합니다. 위의 구절을 삶 속에서 항상 생각해 보세요.

다 같이 생각하고 실천해요.

나는 평소 어떤 일에 대해 욕심을 부리는 편인가요? 아니면 만족하는 편인가요? 자신의 생각과 그 이유를 적어 보세요.

_____

_____

_____

입으로 소리 내어 읽으면서 손으로 직접 써 보세요!

知	足	可	樂	이오,					
알 **지**	족할 **족**	가히 **가**	즐거울 **락**						
만족할 줄 알면 즐거울 것이오,									

務	貪	則	憂	니라.					
힘쓸 **무**	탐할 **탐**	곧 **즉**	근심 **우**						
욕심부리기를 힘쓰면 근심스럽다.									

오늘의 퀴즈

1. (　　　　　)할 줄 알면 즐거울 것이오, (　　　　　)부리기를 힘쓰면 근심스럽다.

2. '足(족)'은 신체 부위를 가리킬 때는 '발 족' 자로 쓰입니다. 하지만 '만족스럽다'라는 뜻으로 '만족', '충족', '흡족' 등에 쓰이기도 합니다. '족' 자를 한자로 써 보세요.

_____

3. 사람이 즐거울 때도 있지만 근심스러울 때도 있습니다. '근심'은 어떤 일 때문에 걱정하고 우울한 상태를 이릅니다. '근심'을 뜻하는 한자를 찾아 써 보세요.

_____

81

17 지족자 빈천역락 부지족자 부귀역우
知足者 貧賤亦樂 不知足者 富貴亦憂

만족할 줄 아는 사람은 가난하고 천하여도 즐겁고,
만족할 줄 모르는 사람은 부유하고 귀해도 근심스럽다.

82

知	足	者	는	貧	賤	亦	樂	이오,	
알 지	족할 족	사람 자		가난할 빈	천할 천	또 역	즐거울 락		

만족할 줄 아는 사람은 가난하고 천하여도 즐겁고,

不	知	足	者	는	富	貴	亦	憂	니라.
아니 부	알 지	족할 족	사람 자		부할 부	귀할 귀	또 역	근심할 우	

만족할 줄 모르는 사람은 부유하고 귀해도 근심스럽다.

위 구절의 뜻을 함께 생각해 볼까요?

사람들이 착각하고 있는 것 중에 하나가 많이 가지면 만족스럽고, 없으면 불행할 것이라 생각하는 것입니다. 하지만 많이 가진다고 절대 사람의 욕심은 채워지지 못합니다. 행복은 자신이 많이 가졌느냐 적게 가졌냐가 결정하는 것이 아니라 자신이 만족을 하느냐 아니냐가 결정합니다. 결국 삶의 만족과 행복은 내 마음 안에 있는 것이지 외부에 있는 것이 아닙니다.

다 같이 생각하고 실천해요.

'만족할 줄 아는 사람은 가난하고 천하여도 즐겁다'고 말합니다. 나는 내 삶에 얼마나 만족하고 있나요? 내 삶에서 만족스러운 부분을 몇 가지만 적어 보세요.

_____

_____

_____

입으로 소리 내어 읽으면서 손으로 직접 써 보세요!

知	足	者	는		貧	賤	亦	樂	이요,		
알 **지**	족할 **족**	사람 **자**			가난할 **빈**	천할 **천**	또 **역**	즐거울 **락**			

만족할 줄 아는 사람은 가난하고 천하여도 즐겁고,

不	知	足	者	는		富	貴	亦	憂	니라.
아니 **부**	알 **지**	족할 **족**	사람 **자**			부할 **부**	귀할 **귀**	또 **역**	근심할 **우**	

만족할 줄 모르는 사람은 부유하고 귀해도 근심스럽다.

오늘의 퀴즈

1. 만족할 줄 아는 사람은 가난하고 천하여도 (   ), 만족할 줄 모르는 사람은 부유하고 귀해도 (   ).

2. 가난함과 부유함을 가리켜 '빈부'라고 합니다. '빈부'를 한자로 써 보세요.

_____

3. 우리말의 '또한', '역시', '과연' 등은 '거기에다가 또', '아무리 생각해도'와 같은 뜻을 지닌 비슷한 의미의 낱말들입니다. 이런 뜻을 지닌 '또 역'을 한자로 써 보세요.

_____

⑱ 지족상족 종신불욕 지지상지 종신무치
知足常足 終身不辱 知止常止 終身無恥

만족함을 알고 늘 만족하는 사람은 평생 욕을 안 먹고,
그침을 알고 늘 그치는 사람은 평생 부끄러움을 당하지 않는다.

知	足	常	足	이면	終	身	不	辱	하고,
알 지	족할 족	항상 상	족할 족		끝날 종	몸 신	아니 불	욕될 욕	

만족함을 알고 늘 만족하는 사람은 평생 욕을 안 먹고,

知	止	常	止	이면	終	身	無	恥	니라.
알 지	그칠 지	항상 상	그칠 지		끝날 종	몸 신	없을 무	부끄러울 치	

그침을 알고 늘 그치는 사람은 평생 부끄러움을 당하지 않는다.

 위 구절의 뜻을 함께 생각해 볼까요?

만족함 없이 자기 욕심만 부리는 사람은 다른 사람들에게 욕을 듣기 마련입니다. 적당한 선에서 욕심을 그칠 줄 아는 사람은 욕먹을 일이 없고 부끄러움을 당하지 않는 법입니다. 혹시 본인이 현재 다른 사람에게 욕을 먹고 있는 일이 있습니까? 너무 내 욕심만 부리고 있는 것은 아닌지 생각해 보세요. 욕심을 그치고 내려놓는 것은 정말 어렵습니다. 평생 스스로 훈련해야 하는 것입니다.

 **다 같이 생각하고 실천해요.**

혹시 욕심을 부리다가 다른 사람들에게 욕을 들은 적 있나요? 있다면 무슨 일이었나요? 그때 내 기분과 생각을 적어 보세요.

_____

_____

_____

입으로 소리 내어 읽으면서 손으로 직접 써 보세요!

知	足	常	足	이면	終	身	不	辱	하고,
알 **지**	족할 **족**	항상 **상**	족할 **족**		끝날 **종**	몸 **신**	아니 **불**	욕될 **욕**	

만족함을 알고 늘 만족하는 사람은 평생 욕을 안 먹고,

知	止	常	止	이면	終	身	無	恥	니라.
알 **지**	그칠 **지**	항상 **상**	그칠 **지**		끝날 **종**	몸 **신**	없을 **무**	부끄러울 **치**	

그침을 알고 늘 그치는 사람은 평생 부끄러움을 당하지 않는다.

오늘의 퀴즈

1. ( )을 알고 늘 만족하는 사람은 평생 욕을 안 먹고, ( )을 알고 늘 그치는 사람은 평생 부끄러움을 당하지 않는다.

2. 기한을 정하지 않고 평생 교도소에 가두는 벌을 '종신형'이라고 합니다. '종신'의 뜻은 목숨이 다할 때까지를 의미하는 말입니다. '종신'을 한자로 써 보세요.

_____

3. 우리가 사용하지 말아야 할 말 중에 '욕'이 있습니다. '욕설', '쌍욕', '욕보임', '모욕' 등에 쓰이는 '욕하다'라는 의미의 '욕'을 한자로 써 보세요.

_____

쉬어가는 마당 232쪽 ⋯›

⑲ 단당이책인지심 책기 서기지심 서인
但 當 以 責 人 之 心 責 己 恕 己 之 心 恕 人

마땅히 남을 꾸짖는 마음으로 자신을 꾸짖고,
자신을 용서하는 마음으로 남을 용서하라.

자신을 용서하는 마음으로 남을 용서하라.

괜찮아~ 잭슨~
네 잘못이 아니야~

탓

텅!

아앗!!

션! 좀 더
조심했어야지!

이 바보야~
왜 그랬어?
션!

형 혼자 뭐
하는 거지?

좀
이상한데?

잭슨~ 괜찮아~
우리 다음부터
더 조심하자~

但	當	以	責	人	之	心	으로	責	己
다만 단	마땅히 당	써 이	꾸짖을 책	사람 인	어조사 지	마음 심		꾸짖을 책	몸 기

마땅히 남을 꾸짖는 마음으로 자신을 꾸짖고,

하고,	恕	己	之	心	으로	恕	人	하라.
	용서할 서	몸 기	어조사 지	마음 심		용서할 서	사람 인	

자신을 용서하는 마음으로 남을 용서하라.

위 구절의 뜻을 함께 생각해 볼까요?

사람과 동물이 다른 점이 있다면 사람은 '양심(良心)'이 있다는 것입니다. 양심이란 어떤 행위에 대해 옳고 그름, 선과 악을 구별할 수 있는 마음을 뜻합니다. '존심(存心)'편은 우리말로 하면 '양심을 지켜라'는 말입니다. 위의 구절은 다른 사람을 탓하듯 자신을 꾸짖고, 자신을 용서하는 것처럼 남을 용서하라는 말입니다. 양심이 없는 사람이라면 어떻게 행동할까요? 다른 사람은 꾸짖고 자신한테는 항상 너그럽겠지요. 여러분은 자신의 양심을 돌아보는 사람이 되기 바랍니다.

다 같이 생각하고 실천해요.

'어리석은 사람도 남을 꾸짖을 때는 똑똑하다'라고 했습니다. 나를 꾸짖을 때와 남을 꾸짖을 때 나의 모습을 생각해 보고 어떻게 다른지 적어 보세요.

_____

_____

_____

입으로 소리 내어 읽으면서 손으로 직접 써 보세요!

但	當	以	責	人	之	心	으로	責	己
다만 **단**	마땅히 **당**	써 **이**	꾸짖을 **책**	사람 **인**	어조사 **지**	마음 **심**		꾸짖을 **책**	몸 **기**

마땅히 남을 꾸짖는 마음으로 자신을 꾸짖고,

하고,	恕	己	之	心	으로	恕	人	하라.
	용서할 **서**	몸 **기**	어조사 **지**	마음 **심**		용서할 **서**	사람 **인**	

자신을 용서하는 마음으로 남을 용서하라.

오늘의 퀴즈

1. 마땅히 남을 꾸짖는 마음으로 자신을 (   ), 자신을 용서하는 마음으로 남을
(   ).

2. 잘못을 나무라거나 꾸짖는 것을 '책망'이라고 합니다. '질책', '질타', '문책' 같은 낱말도 비슷한 뜻을 가진 낱말들입니다. 우리말의 '꾸짖다'라는 의미를 지닌 '책'을 한자로 써 보세요.

---

3. 지은 죄나 잘못에 대해 꾸짖거나 벌을 주지 않고 너그럽게 봐주는 것을 '용서'라고 합니다. 용서를 뜻하는 한자를 찾아 써 보세요.

---

20 시은물구보 여인물추회

施 恩 勿 求 報　與 人 勿 追 悔

은혜를 베풀면서 그 보답을 바라지 말고,
남에게 주었거든 나중에 후회하지 말라.

施	恩	勿	求	報	하고,				
베풀 시	은혜 은	말 물	구할 구	갚을 보					

은혜를 베풀면서 그 보답을 바라지 말고,

與	人	勿	追	悔	하라.				
줄 여	사람 인	말 물	따를 추	후회할 회					

남에게 주었거든 나중에 후회하지 말라.

위 구절의 뜻을 함께 생각해 볼까요?

여러분은 친구에게 섭섭할 때 없나요? 친구에 대해 섭섭해지면 그 친구와의 관계도 틀어지기 마련입니다. 그런데 그 섭섭함은 어디서 오는 것일까요? 위 구절에서 그 해답을 찾을 수 있습니다. 친구에게 무엇인가를 주고 나중에 그것을 받으려고 생각하면 그 친구와 더 이상 좋은 관계를 유지하기 힘듭니다. 남에게 은혜와 사랑을 주었다면 그것으로 만족하세요. 그러면 그 사람과의 관계도 아주 좋을 것입니다.

다 같이 생각하고 실천해요.

1. '은혜를 베풀면서 그 보답을 바라지 말라'고 했습니다. 내가 겪은 일 중에 이런 일이 있다면 적어 보세요.

_____

_____

2. 친구에게 돈이나 물건을 빌려주고 제대로 받지 못해 속을 끓여 본 경험이 있나요? 이런 친구들과 좋은 관계를 맺기 위해서는 어떻게 해야 할지를 생각하고 적어 보세요.

_____

施	恩	勿	求	報	하고,				
베풀 시	은혜 은	말 물	구할 구	갚을 보					

은혜를 베풀면서 그 보답을 바라지 말고,

與	人	勿	追	悔	하라.				
줄 여	사람 인	말 물	따를 추	후회할 회					

남에게 주었거든 나중에 후회하지 말라.

오늘의 퀴즈

1. 은혜를 베풀면서 그 ( ) 을 바라지 말고, 남에게 주었거든 나중에 ( ) 하지 말라.

2. '다른 사람에게 사랑으로 베풀어 주는 신세나 혜택'을 '은혜(grace)'라고 합니다. 또한 이 은혜를 갚는 것을 '보은'이라고 합니다. '은혜'를 뜻하는 한자를 찾아 써 보세요.

_____

3. '후회', '회한', '회개'와 같은 낱말에 쓰이는 '회'는 '후회한다' 혹은 '뉘우친다'라는 뜻을 지니고 있습니다. '후회한다'라는 뜻을 지닌 한자를 찾아 써 보세요.

_____

21 책인자 부전교 자서자 불개과

責人者 不全交 自恕者 不改過

남을 꾸짖는 사람은 남과 온전하게 사귈 수 없고,
자기 자신을 용서하는 사람은 허물을 고치지 못한다.

그런데 어머니께서 '남을 꾸짖는 사람은 남과 온전하게 사귈 수 없고,

자기 자신을 용서하는 사람은 허물을 고치지 못한다'고 하셨잖아요~

그러니까 어머니께서 저를 꾸짖으시면 저와 사이좋게 지낼 수가 없으니까 이제 그만 꾸짖으시는 게 어떨까요?

뭐야?!!

화르르

으악~~ 잘못했어요~~

이리 와~~

쌔앵~

責	人	者	는	不	全	交	요,			
꾸짖을 책	사람 인	사람 자		아니 부	온전할 전	사귈 교				
남을 꾸짖는 사람은 남과 온전하게 사귈 수 없고,										

自	恕	者	는	不	改	過	니라.			
스스로 자	용서할 서	사람 자		아니 불	고칠 개	허물 과				
자기 자신을 용서하는 사람은 허물을 고치지 못한다.										

위 구절의 뜻을 함께 생각해 볼까요?

친구와 좋은 관계를 맺는 방법은 무엇일까요? 친구를 비난하고 꾸짖는 사람이 친구와 제대로 사귈 수 있을까요? 사람은 자신을 비난하고 꾸짖는 사람에게 절대 좋은 감정을 갖기 어렵습니다. 하물며 친구가 나를 책망하는데 그 친구를 좋아할 수 있을까요? 친구의 좋은 점을 말해 주고 칭찬을 해 주세요. 그러면 그 친구와 아주 좋은 관계를 맺을 수 있을 것입니다.

다 같이 생각하고 실천해요.

'남을 꾸짖는 사람은 남과 온전하게 사귈 수 없다'라고 했습니다. 혹시 내가 친구를 대할 때 친구를 비난하고 지적하려는 모습이 있었다면 적어 보세요.

_____

_____

_____

責	人	者	는	不	全	交	요,		
꾸짖을 책	사람 인	사람 자		아니 부	온전할 전	사귈 교			

남을 꾸짖는 사람은 남과 온전하게 사귈 수 없고,

自	恕	者	는	不	改	過	니라.		
스스로 자	용서할 서	사람 자		아니 불	고칠 개	허물 과			

자기 자신을 용서하는 사람은 허물을 고치지 못한다.

오늘의 퀴즈

1. 남을 (   ) 사람은 남과 온전하게 사귈 수 없고, 자기 자신을 (   )
하는 사람은 허물을 고치지 못한다.

2. '과(過)'는 과거를 뜻할 때 많이 쓰이지만 '과오', '과실', '과다' 등에 쓰일 때는 잘못이나 허물
을 일컫는 말로 쓰입니다. '과거', '허물'을 뜻하는 한자를 찾아 써 보세요.

_____

3. '잘못을 나무라거나 꾸짖는 것'을 '책망'이라고 합니다. '책망', '질책', '자책' 등에 쓰이며 꾸
짖는다는 의미를 지닌 한자를 찾아 써 보세요.

_____

쉬어가는 마당 234쪽 ⋯⋯

22 인성여수 수일경즉불 가복 성일종즉불가반

人 性 如 水　水 一 傾 則 不　可 復　性 一 縱 則 不 可 反

사람의 성품은 물과 같아서, 물이 한 번 쏟아지면
다시 주워 담을 수 없듯이, 성품도 한 번 방종해지면 되돌릴 수 없다.

人	性	如	水	하여	水	一	傾	則	不
사람 인	성품 성	같을 여	물 수		물 수	하나 일	기울 경	곧 즉	아니 불
사람의 성품은 물과 같아서, 물이 한 번 쏟아지면 다시									

可	復	이오,	性	一	縱	則	不	可	反
가히 가	다시 복		성품 성	하나 일	놓을 종	곧 즉	아니 불	가히 가	되돌릴 반
주워 담을 수 없듯이, 성품도 한 번 방종해지면 되돌릴 수 없다.									

위 구절의 뜻을 함께 생각해 볼까요?

'성품'이란 '사람의 성질과 됨됨이'를 말합니다. 계성(戒性)은 말 그대로 성품(性)을 지키고 경계(戒)하라는 뜻입니다. 사람의 성품을 물에 빗대어 물이 한 번 쏟아지면 주워 담을 수 없듯이, 성품도 한 번 방종해지면 물처럼 되돌릴 수 없으니 조심하고 또 조심하라는 내용입니다. 특히 성품이 방종해지지 않기 위해서는 반드시 참고 또 참으라고 합니다. '계성(戒性)'편을 읽으면서 자신의 성품을 돌아보고 '참음'에 대해서도 깊이 생각하는 시간이 되길 바랍니다.

다 같이 생각하고 실천해요.

'사람의 성질과 됨됨이'를 뜻하는 성품은 자라면서 조금씩 변하기 마련입니다. 자신의 성품을 살펴보고 1년 전 나의 성품과 지금의 나의 성품이 어떻게 변하고 있는지 적어 보세요.

_____

_____

_____

人	性	如	水	하여	水	一	傾	則	不
사람 인	성품 성	같을 여	물 수		물 수	하나 일	기울 경	곧 즉	아니 불

사람의 성품은 물과 같아서, 물이 한 번 쏟아지면 다시

可	復	이오,	性	一	縱	則	不	可	反
가히 가	다시 복		성품 성	하나 일	놓을 종	곧 즉	아니 불	가히 가	되돌릴 반

주워 담을 수 없듯이, 성품도 한 번 방종해지면 되돌릴 수 없다.

오늘의 퀴즈

1. 사람의 성품은 ( )과 같아서, 물이 한 번 쏟아지면 다시 주워 담을 수 없듯이, 성품도 한 번 ( )해지면 되돌릴 수 없다.

2. '성품', '성격', '품성', '성질', '인성' 등에 공통적으로 쓰이는 '성'은 성품을 뜻합니다. 사람의 성질과 됨됨이를 일컫는 '성'을 한자로 써 보세요.

_____

3. '반성', '반추', '반사', '반격'에 쓰이는 '반'은 '되돌린다'라는 뜻을 지니고 있습니다. 되돌린다는 뜻의 '반'을 한자로 써 보세요.

_____

㉓ 득인차인 득계차계 불인불계 소사성대

得忍且忍 得戒且戒 不忍不戒 小事成大

참고 또 참고 경계하고 또 경계하라.
참지 않고 경계하지 않으면, 작은 일이 큰 일이 된다.

得	忍	且	忍	이오,	得	戒	且	戒	하라.
얻을 득	참을 인	또 차	참을 인		얻을 득	경계할 계	또 차	경계할 계	
참고 또 참고 경계하고 또 경계하라.									

不	忍	不	戒	면	小	事	成	大	니라.
아니 불	참을 인	아니 불	경계할 계		작을 소	일 사	이룰 성	큰 대	
참지 않고 경계하지 않으면, 작은 일이 큰 일이 된다.									

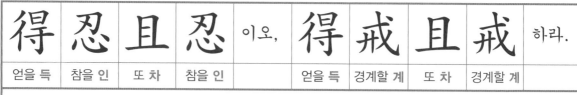

위 구절의 뜻을 함께 생각해 볼까요?

화가 날 때마다 화를 폭발시킨다면 어떻게 될까요? 아마 난리가 날 것입니다. 화는 폭발시키는 것이 아니라 다스려야 하는 것입니다. 화를 어떻게 다스릴 수 있을까요? 참고 경계해야 합니다. 참지 못하고 경계하지 않으면 화가 폭발하고, 폭발한 화로 인해 작은 일이 큰 일로 번지기도 합니다. 마치 작은 불씨 하나가 거대한 산을 다 태우듯 말입니다. 화를 참고 경계하는 것은 어른이 되었다고 저절로 잘 되는 것이 아닙니다. 끊임없는 훈련으로 연습을 해야 하고 습관이 되어야 합니다.

다 같이 생각하고 실천해요.

1. 화를 참지 못하고 폭발하여 작은 일이 큰 일로 번진 경험이 있습니까? 적어 보고 자신의 생각이나 느낌도 떠올려 보세요.

_____

_____

2. 화가 날 때 화를 참는 방법이 있나요? '심호흡을 5초간 한다', '화를 내고 난 후에 벌어질 일을 생각한다' 등과 같이 화를 참는 나만의 방법이 있다면 적어 보세요.

_____

입으로 소리 내어 읽으면서 손으로 직접 써 보세요!

得	忍	且	忍	이오,	得	戒	且	戒	하라.
얻을 **득**	참을 **인**	또 **차**	참을 **인**		얻을 **득**	경계할 **계**	또 **차**	경계할 **계**	

참고 또 참고 경계하고 또 경계하라.

不	忍	不	戒	면	小	事	成	大	니라.
아니 **불**	참을 **인**	아니 **불**	경계할 **계**		작을 **소**	일 **사**	이룰 **성**	큰 **대**	

참지 않고 경계하지 않으면, 작은 일이 큰 일이 된다.

오늘의 퀴즈

1. 참고 또 (   ) 경계하고 또 경계하라. 참지 않고 경계하지 않으면, 작은 일이
(   )이 된다.

2. 뜻밖의 사고나 잘못되는 일이 일어나지 않도록 미리 조심하는 것을 '경계'라고 합니다. '경계'를
뜻하는 한자를 찾아 써 보세요.

_____

3. '참을 인 자 셋이면 살인도 면한다'라는 말이 있습니다. 참는 것의 중요성을 가르쳐 주는 글귀
입니다. '참을 인'을 찾아 한자로 써 보세요.

_____

109

난인난인 비인불인 불인비인

難忍難忍 非人不忍 不忍非人

참는 것은 참으로 어렵도다.
사람이 아니면 참지 못하고 참지 못하면 사람이 아니다.

사람이 아니면 참지 못하고 참지 못하면 사람이 아니다.

難	忍	難	忍	이여.				
어려울 난	참을 인	어려울 난	참을 인					
참는 것은 참으로 어렵도다.								

非	人	不	忍	이오,	不	忍	非	人	이로다.
아닐 비	사람 인	아니 불	참을 인		아니 불	참을 인	아닐 비	사람 인	
사람이 아니면 참지 못하고 참지 못하면 사람이 아니다.									

위 구절의 뜻을 함께 생각해 볼까요?

공자의 제자인 자장은 먼 길을 떠나면서 스승에게 말씀 한 마디를 청했습니다. 이에 공자는 '모든 행동의 으뜸은 참는 것이다'라고 말하며, 참으면 모든 것이 잘 되겠지만 참지 않으면 모든 것이 어그러지고 관계가 틀어진다고 강조하였습니다. 공자의 이런 말을 들은 자장은 푸념하듯이 '참는 것은 참으로 어렵구나. 사람이 아니면 참지 못하고 참지 못하면 사람이 아니다'라고 말합니다. 재채기를 참는 것이 어렵듯이 화를 참는 것도 마찬가지입니다. 여러분은 일상생활 속에서 잘 참고 있습니까?

다 같이 생각하고 실천해요.

내가 참지 못하는 상황을 잘 생각해 봅시다. 나는 어떤 상황에서 잘 참지 못하는지 생각해 보고 참기 어려운 상황 몇 가지를 적어 보세요.

_____

_____

_____

難	忍	難	忍	이여.						
어려울 **난**	참을 **인**	어려울 **난**	참을 **인**							

참는 것은 참으로 어렵도다.

非	人	不	忍	이오,	不	忍	非	人	이로다.
아닐 **비**	사람 **인**	아니 **불**	참을 **인**		아니 **불**	참을 **인**	아닐 **비**	사람 **인**	

사람이 아니면 참지 못하고 참지 못하면 사람이 아니다.

오늘의 퀴즈

1. (   )은 참으로 어렵도다. 사람이 아니면 참지 못하고 참지 못하면
(   )이 아니다.

2. 해결하기 어려운 문제를 '난제'라고 합니다. '난관', '난항', '난국' 등에 쓰이는 '난'은 '어렵다'라는 뜻을 가지고 있습니다. 어려움을 뜻하는 한자를 찾아 써 보세요.

_____

3. '옳고 그른 것을 따지는 것'을 일러 '시시비비'라고 합니다. 그르거나 아닌 것을 의미하는 '비'를 한자로 써 보세요.

_____

쉬어가는 마당 235쪽 ⋯

옥불탁 불성기 인불학 부지의
玉 不 琢 不 成 器 人 不 學 不 知 義

옥은 다듬지 않으면 그릇이 되지 못하고,
사람은 배우지 않으면 옳음을 알지 못한다.

玉	不	琢	이면	不	成	器	하고,		
옥 옥	아니 불	쪼을 탁		아니 불	이룰 성	그릇 기			

옥은 다듬지 않으면 그릇이 되지 못하고,

人	不	學	이면	不	知	義	니라.		
사람 인	아니 불	배울 학		아니 부	알 지	옳을 의			

사람은 배우지 않으면 옳음을 알지 못한다.

 위 구절의 뜻을 함께 생각해 볼까요?

배움의 중요성과 배움에 힘써야 한다고 강조한 것이 바로 '근학(勤學)'편입니다. 아무리 값진 옥도 갈고 다듬어야 좋은 그릇이 될 수 있듯이 사람도 열심히 배워야 좋은 그릇이 될 수 있습니다. '늑대 소년' 이야기 아시나요? 갓난아기 때부터 늑대들 무리 속에서 살다가 발견되었는데 하는 행동이나 말은 늑대에 가까웠습니다. 사람으로 태어났어도 배우지 않으면 사람이 될 수 없습니다. 특히 어렸을 때 배운 것은 평생 갑니다. 소중한 시절을 허투루 보내지 마시고 열심히 배우시기 바랍니다.

 다 같이 생각하고 실천해요.

1. '사람은 배우지 않으면 옳음을 알지 못한다'라고 했습니다. 여러분이 최근에 배운 것 중에 새롭게 알게 된 옳고 그름이 있다면 적어 보세요.

_____

2. 이제까지 나를 가르쳐 주셨던 선생님들 중 나에게 가장 좋은 가르침을 주었던 선생님은 누구인가요? 그리고 그 가르침은 무엇이었나요?

_____

_____

玉	不	琢	이면	不	成	器	하고,			
옥 옥	아니 불	쪼을 탁		아니 불	이룰 성	그릇 기				

옥은 다듬지 않으면 그릇이 되지 못하고,

人	不	學	이면	不	知	義	니라.			
사람 인	아니 불	배울 학		아니 부	알 지	옳을 의				

사람은 배우지 않으면 옳음을 알지 못한다.

오늘의 퀴즈

1. (   )은 다듬지 않으면 그릇이 되지 못하고, (   )은 배우지 않으면 옳음을 알지 못한다.

2. '학습', '학업', '학문' 등에 쓰이는 '학'은 '배운다'라는 뜻을 지니고 있습니다. 우리말의 '배운다'는 뜻을 지닌 한자를 찾아 써 보세요.

_____

3. 옳고 바른 도리를 가리켜 '정의'라고 합니다. 반대로 정의롭지 못하고 도리에 어긋난 것을 '불의'라고 합니다. '정의'와 '불의'에 공통으로 쓰인 '의'를 한자로 써 보세요.

_____

㉖ 인생불학 여명명야행

人生不學 如冥冥夜行

사람이 배우지 않으면,
어둡고 어두운 밤길을 가는 것과 같다.

人	生	不	學	이면,					
사람 인	날 생	아니 불	배울 학						

사람이 배우지 않으면,

如	冥	冥	夜	行	이니라.				
같을 여	어두울 명	어두울 명	밤 야	갈 행					

어둡고 어두운 밤길을 가는 것과 같다.

위 구절의 뜻을 함께 생각해 볼까요?

글을 읽거나 쓸 줄 모르는 것을 일러 '문맹'이라고 합니다. 문맹인 사람들의 삶을 한번 상상해 보세요. 얼마나 답답할까요? 주변에 수없이 많이 보이는 글자들을 읽을 수 없다면 캄캄한 어둠 속을 걷는 느낌일지도 모르겠습니다. 글자뿐만 아니라 배우지 않으면 세상 돌아가는 이치를 깨달을 수 없을 것입니다. 그러면 어느 길이 바른 길인지 어느 길로 걸어가야 하는지도 몰라 방황하게 될 것입니다. 좀 고생스럽더라도 배움을 게을리하지 말라고 권하고 싶습니다.

다 같이 생각하고 실천해요.

'사람이 배우지 않으면, 어둡고 어두운 밤길을 가는 것과 같다'라고 했습니다. '어두운 밤길을 가는 것과 같다'라는 말의 뜻을 생각하고 자신이 해석한 뜻을 적어 보세요.

_____

_____

_____

人	生	不	學	이면,					
사람 **인**	날 **생**	아니 **불**	배울 **학**						

사람이 배우지 않으면,

如	冥	冥	夜	行	이니라.				
같을 **여**	어두울 **명**	어두울 **명**	밤 **야**	갈 **행**					

어둡고 어두운 밤길을 가는 것과 같다.

오늘의 퀴즈

1. 사람이 (   ) 않으면, 어둡고 어두운 (   )을 가는 것과 같다.

2. '눈을 감고 차분한 마음으로 깊이 생각하는 것'을 '명상'이라고 합니다. 이때 쓰는 한자가 어둡다는 뜻의 '어두울 명'입니다. 이를 한자로 써 보세요.

_____

3. 밤과 낮을 아울러 '주야'라고 하고, 밤에 먹는 음식을 '야식'이라고 합니다. '주야'와 '야식'에 공통으로 들어간 '밤 야'를 한자로 써 보세요.

_____

학여불급 유공실지
學 如 不 及 猶 恐 失 之

배우기를 늘 다하지 못한 듯이 하고,
오직 배운 것을 잃을까 염려하라.

學	如	不	及	이오,				
배울 학	같을 여	아니 불	미칠 급					
배우기를 늘 다하지 못한 듯이 하고,								

猶	恐	失	之	니라.				
오히려 유	두려워할 공	잃을 실	이것 지					
오직 배운 것을 잃을까 염려하라.								

위 구절의 뜻을 함께 생각해 볼까요?

위 구절은 배움의 자세에 대해 말하고 있습니다. 조금 배우고 다 아는 것처럼 더 배우기를 싫어하는 친구들도 있습니다. 또한 배운 대로 행하지 않고 배운 것 따로 행동 따로 행동하는 친구들도 있습니다. 이런 태도는 제대로 된 배움의 태도라고 할 수 없습니다. 늘 부족한 것처럼 배우세요. 배운 것을 잊지 않기 위해 다시 생각하고 실천하면서 살기 바랍니다. 훌륭한 인생이 될 것입니다.

다 같이 생각하고 실천해요.

'배우기를 늘 다하지 못한 듯이 하고' 구절의 가르침처럼 배움이 늘 부족하다고 느끼는 사람은 열심히 그리고 적극적으로 배우게 되어 있습니다. 자신의 배움의 태도를 생각해 보고 적어 보세요.

_____

_____

_____

學	如	不	及	이오,					
배울 **학**	같을 **여**	아니 **불**	미칠 **급**						

배우기를 늘 다하지 못한 듯이 하고,

猶	恐	失	之	니라.					
오히려 **유**	두려워할 **공**	잃을 **실**	이것 **지**						

오직 배운 것을 잃을까 염려하라.

 오늘의 퀴즈

1. (⠀⠀⠀⠀⠀⠀⠀⠀⠀⠀⠀⠀)를 늘 다하지 못한 듯이 하고, 오직 배운 것을 (⠀⠀⠀⠀⠀⠀) 염려 하라.

2. '미치다'라는 말이 '정신이 온전하지 않은 상태'를 뜻할 때는 '狂(미칠 광)'을 씁니다. 하지만 '어디에 닿거나 이르다'를 뜻할 때는 '미칠 급'을 씁니다. 이를 뜻하는 한자를 찾아 써 보세요.

---

3. '실수', '실책', '실패' 등에 공통으로 들어간 '실'은 잃거나 잘못된 것을 의미합니다. 우리말의 '잃어버렸다'라는 뜻을 지닌 한자를 찾아 써 보세요.

쉬어가는 마당 237쪽 ⋯→

125

28 사수소 부작불성 자수현 불교불명
事 雖 小 不 作 不 成 子 雖 賢 不 教 不 明

아무리 작은 일이라도 하지 않으면 이루지 못하고,
아무리 자식이 똑똑해도 가르치지 않으면 현명해지지 못한다.

事	雖	小	나	不	作	不	成	이오,	
일 사	비록 수	작을 소		아니 부	지을 작	아니 불	이룰 성		

아무리 작은 일이라도 하지 않으면 이루지 못하고,

子	雖	賢	이나	不	敎	不	明	이니라.	
아들 자	비록 수	어질 현		아니 불	가르칠 교	아니 불	밝을 명		

아무리 자식이 똑똑해도 가르치지 않으면 현명해지지 못한다.

위 구절의 뜻을 함께 생각해 볼까요?

'훈자(訓子)'는 말 그대로 자녀를 가르치는 것을 말합니다. 여러분은 부모가 되었을 때 자녀에게 무엇을 어떻게 가르치고 싶나요? 위의 구절은 '훈자(訓子)' 편의 가장 핵심적인 구절입니다. 다른 어떤 일보다도 부모는 자녀를 열심히 가르쳐야 한다고 말합니다. 부모님들이 여러분을 그렇게도 열심히 가르치려고 하는 것은 '훈자(訓子)' 편의 가르침을 실천하기 위해서 아닐까요?

다 같이 생각하고 실천해요.

'아무리 작은 일이라도 하지 않으면 이루지 못하고' 구절의 의미는 아무리 사소한 일도 미루지 말고 꼭 하라는 뜻입니다. 혹시 사소한 일이지만 미뤄 놓고 있는 일이 있는지 살펴보고 지금 해 보세요. 어떤 일을 했는지를 쓰고, 그 느낌을 이야기해 보세요.

_____

_____

_____

事	雖	小	나	不	作	不	成	이요,	
일 **사**	비록 **수**	작을 **소**		아니 **부**	지을 **작**	아니 **불**	이룰 **성**		

아무리 작은 일이라도 하지 않으면 이루지 못하고,

子	雖	賢	이나	不	教	不	明	이니라.	
아들 **자**	비록 **수**	어질 **현**		아니 **불**	가르칠 **교**	아니 **불**	밝을 **명**		

아무리 자식이 똑똑해도 가르치지 않으면 현명해지지 못한다.

오늘의 퀴즈

1. 아무리 (   ) 이라도 하지 않으면 이루지 못하고, 아무리 자식이 똑똑해도 가르
치지 않으면 (   ) 해지지 못한다.

2. '지혜롭고 사리에 밝은 것'을 두고 '현명하다'라고 합니다. 지혜롭고 사리에 밝은 '현명'이라는 말
의 한자를 찾아 써 보세요.

_____

3. '교육', '교실', '교훈' 등에 공통으로 쓰이는 '교'는 '가르친다'라는 뜻을 가지고 있습니다. 우리말
의 '가르친다'라는 뜻을 지닌 한자를 찾아 써 보세요.

_____

황금만영 불여교자일경
黃 金 滿 籝 不 如 敎 子 一 經

황금이 아무리 광주리에 가득하여도,
자식에게 경서 한 권 가르치는 것만 못하다.

黃	金	滿	籝	이,				
누를 황	쇠 금	가득할 만	광주리 영					

황금이 아무리 광주리에 가득하여도,

不	如	敎	子	一	經	이라.		
아니 불	같을 여	가르칠 교	아들 자	하나 일	경서 경			

자식에게 경서 한 권 가르치는 것만 못하다.

 위 구절의 뜻을 함께 생각해 볼까요?

위 구절에서는 황금이 광주리에 가득하여도 자식에게 경서 한 권 가르치는 것만 못하다고 이르고 있습니다. 여기서 말하는 경서는 『명심보감』이나 『논어』, 『소학』과 같이 옛 성현들의 훌륭한 가르침을 적어 놓은 책을 말합니다. 어떻게 경서 한 권 읽는 것의 값어치가 황금 한 광주리보다 낫다는 것일까요? 경서를 제대로 깊게 읽으면 다른 사람들에게는 없는 깊은 지혜와 통찰력이 생기고 인생의 방향을 알게 되기 때문입니다.

 **다 같이 생각하고 실천해요.**

1. 자신이 이제까지 읽은 책 가운데 경서라고 할 만큼 가장 훌륭한 책이라고 생각하는 책은 무엇인가요? 그리고 그 이유도 적어 보세요.

내가 생각하는 가장 훌륭한 책 :

_____

그렇게 생각한 이유 :

_____

黃	金	滿	籯	이,					
누를 **황**	쇠 **금**	가득할 **만**	광주리 **영**						

황금이 아무리 광주리에 가득하여도,

不	如	敎	子	一	經	이라.			
아니 **불**	같을 **여**	가르칠 **교**	아들 **자**	하나 **일**	경서 **경**				

자식에게 경서 한 권 가르치는 것만 못하다.

오늘의 퀴즈

1. (   )이 아무리 광주리에 가득하여도, 자식에게 (   ) 한 권 가르치는 것만 못하다.

2. 어떤 것이 가득 차 있는 것을 '충만하다'라고 말합니다. 또한 모자람이 없이 마음에 흡족한 것을 '만족'이라고 합니다. '충만', '만족' 등에 쓰이는 '가득하다'라는 의미의 한자를 써 보세요.

---

3. '경'은 『성경』, 『불경』처럼 매우 위대한 책들에 붙이기도 하고, 『논어』, 『명심보감』처럼 훌륭한 책을 에둘러 부르는 말이기도 합니다. 좋고 훌륭한 책의 의미를 지닌 '경'을 한자로 써 보세요.

쉬어가는 마당 238쪽 ···›

우리 사회는 지금 많이 병들고 아파하고 있습니다. 그 이유는 여러 가지가 있겠지만, 많은 사람들이 너무 자기만 생각하고 다른 사람이나 공동체를 생각하지 않기 때문이라고 생각합니다. 지금 우리 사회에 절실하게 필요한 것은 바로 이번 장에서 배우게 될 '모두를 위한 생각'일 것입니다. 나만을 위한 생각이 아니라 우리 모두를 위한 생각이 우리 사회를 좀 더 아름답게 만들 수 있을 것입니다.

그러기 위해서 우리는 자신을 먼저 살펴야 합니다. 남의 잘못은 잘 보면서 자신의 잘못은 보지 못하는 사람들이 많습니다. 남을 탓하기 전에 자신의 모습을 먼저 살필 줄 알아야겠습니다.

자신을 잘 살필 줄 아는 사람은 절대 자기 마음대로 행동하지 않습니다. 가족들에게 함부로 대하지 않고 친구들을 존중합니다. 우리는 흔히 자신과 친하거나 가까운 사람들에게 함부로 대하곤 합니다. 하지만 가까운 가족이나 친구일수록 더욱 존중하는 것이 마땅합니다. 가족이나 가까운 친구와 잘 지낼 수 있는 사람은 이 세상 어느 누구와도 사이좋게 지낼 수 있다고 생각합니다.

이번 장 '모두를 위한 생각'을 배우면서 나만을 위한 생각에서 벗어나 '어떻게 하면 주변 사람들을 위한 생각을 할 수 있을까'를 살필 줄 아는 친구들이 되기를 바랍니다.

모두를 위한 생각

30 욕지미래 선찰이왕
欲 知 未 來　先 察 已 往

미래를 알고 싶거든,
먼저 지나간 날들을 살펴보라.

欲	知	未	來	일진대,				
하고자할 욕	알 지	아닐 미	올 래					
미래를 알고 싶거든,								

先	察	已	往	이니라.				
먼저 선	살필 찰	이미 이	갈 왕					
먼저 지나간 날들을 살펴보라.								

위 구절의 뜻을 함께 생각해 볼까요?

'성심(省心)'은 말 그대로 '마음을 살피라'는 말입니다. 마음을 살핀다는 것은 곧 양심을 지키는 것이며 인간답게 살기 위해 마음을 끊임없이 들여다본다는 것입니다. '성심(省心)'편은 너무 길어서 상편과 하편으로 나누어져 있습니다. 『명심보감』에서는 미래가 궁금하면 먼저 지나간 날들을 보라고 말합니다. 원인 없는 결과가 없듯이 자신이 살아온 과거의 모습이 자신의 미래를 결정하는 것입니다. 그러니 하루하루 최선을 다하면서 살아야 합니다. 그래야 밝은 미래를 꿈꿀 수 있겠죠?

다 같이 생각하고 실천해요.

미래의 나의 모습이 궁금하지 않나요? 자신의 미래 모습을 상상해서 적어 보세요.

10년 후 :
_____
_____

20년 후 :
_____
_____

欲	知	未	來	일진대,					
하고자할 **욕**	알 **지**	아닐 **미**	올 래						

미래를 알고 싶거든,

先	察	己	往	아니라.					
먼저 **선**	살필 **찰**	이미 **이**	갈 **왕**						

먼저 지나간 날들을 살펴보라.

오늘의 퀴즈

1. (   )를 알고 싶거든, 먼저 (   )들을 살펴보라.

2. 시간을 '과거, 현재, 미래'로 나누곤 합니다. 이 중 '미래'는 '아직 오지 않은 시간'을 말합니다. 자신의 미래를 생각해 보면서 '미래'를 한자로 써 보세요.

_____

3. '이왕 일이 이렇게 되었으니~'와 같은 표현을 많이 씁니다. '이왕'이란 말은 이미 지나가서 어쩔 수 없게 된 과거를 말할 때 쓰는 말입니다. '이왕'이라는 낱말을 한자로 써 보세요.

_____

31

불경일사 부장일지
不 經 一 事 不 張 一 智

한 가지 일을 경험하지 않으면, 한 가지 지혜가 자라지 않는다.

不	經	一	事	면,					
아니 불	겪을 경	하나 일	일 사						

한 가지 일을 경험하지 않으면,

不	張	一	智	니라.					
아니 부	자랄 장	하나 일	지혜 지						

한 가지 지혜가 자라지 않는다.

위 구절의 뜻을 함께 생각해 볼까요?

혹시 여러분 중에서 부모님이 이것저것 너무 많이 배우라고 해서 힘든 친구가 있나요? 하지만 크게 불평은 하지 않았으면 좋겠습니다. 위의 구절이 이유를 설명해 주고 있습니다. 사람의 지혜는 무엇인가를 배우고 경험하면서 생기고 자랍니다. 때문에 가능하다면 다양한 경험을 많이 해 보는 것이 좋습니다. 예를 들어 태권도를 배워 본 친구들은 태권도를 경험할 때만 얻을 수 있는 지혜가 생기는 법입니다. 새로운 경험을 두려워하지 말고 적극적으로 도전하면서 살아가길 응원합니다.

다 같이 생각하고 실천해요.

1. 자신이 이제까지 살아오면서 한 경험 중에서 가장 값진 경험이라고 생각하는 것을 써 보세요.

_____

_____

2. 앞으로 자신이 살아가면서 꼭 해 보고 싶은 경험이 있다면 써 보세요. 그 이유도 적어 보세요.

_____

_____

입으로 소리 내어 읽으면서 손으로 직접 써 보세요!

不	經	一	事	면,					
아니 **불**	겪을 **경**	하나 **일**	일 **사**						

한 가지 일을 경험하지 않으면,

不	張	一	智	니라.					
아니 **부**	자랄 **장**	하나 **일**	지혜 **지**						

한 가지 지혜가 자라지 않는다.

오늘의 퀴즈

1. 한 가지 일을 (   )하지 않으면, 한 가지 (   )가 자라지 않는다.

2. '실제로 보고 듣거나 몸소 겪는 것을 일러 '경험'이라고 합니다. '체험'이라는 말도 경험과 비슷한 뜻입니다. '겪는다'는 뜻의 '경'을 한자로 써 보세요.

_____

3. '신장하다', '신장되다', '신장시키다'에 공통적으로 쓰인 '신장'은 이전보다 더 커지거나 늘어났다는 의미를 가지고 있습니다. '자란다'라는 뜻의 '장'을 한자로 써 보세요.

_____

32 천불생무록지인 지불장무명지초
天 不 生 無 祿 之 人 地 不 長 無 名 之 草

하늘은 복록 없는 사람을 내지 않고,
땅은 이름 없는 풀을 기르지 않는다.

天	不	生	無	祿	之	人	하고,			
하늘 천	아니 불	날 생	없을 무	복 록	어조사 지	사람 인				
하늘은 복록 없는 사람을 내지 않고,										

地	不	長	無	名	之	草	아니라.			
땅 지	아니 불	기를 장	없을 무	이름 명	어조사 지	풀 초				
땅은 이름 없는 풀을 기르지 않는다.										

위 구절의 뜻을 함께 생각해 볼까요?

인생을 부정적으로 생각하면 부정적인 일이 계속해서 일어나기 마련입니다. 하지만 긍정적으로 생각하면 계속 좋은 일이 일어나기 마련입니다. 이를 '머피의 법칙'이라고 합니다. 여러분은 자신의 인생을 어떻게 생각하나요? 위 구절에서처럼 『명심보감』에서는 모든 사람이 복 있는 인생이라고 말합니다. 복 없는 인생은 태어나게 하지 않았다고 합니다. 자신의 인생을 긍정적으로 보고 인생에서 벌어질 일을 기대해 보세요. 분명 복 있는 인생이 될 것입니다.

다 같이 생각하고 실천해요.

땅도 이름 없는 풀은 기르지 않는다고 했습니다. 여러분은 부모라는 땅을 통해 세상에 나온 아름다운 꽃과 같은 존재들입니다. 나는 세상에 어떤 열매들을 남기고 싶은지 적어 보세요.

_____

_____

_____

天	不	生	無	祿	之	人	하고,		
하늘 **천**	아니 **불**	날 **생**	없을 **무**	복 **록**	어조사 **지**	사람 **인**			

하늘은 복록 없는 사람을 내지 않고,

地	不	長	無	名	之	草	아니라.		
땅 **지**	아니 **불**	기를 **장**	없을 **무**	이름 **명**	어조사 **지**	풀 **초**			

땅은 이름 없는 풀을 기르지 않는다.

오늘의 퀴즈

1. ( )은 복록 없는 사람을 내지 않고, ( )은 이름 없는 풀을 기르지 않는다.

2. '하늘과 땅'을 '천지'라고 합니다. '천지'를 한자로 써 보세요.

_____

3. 예전에 나라에서 벼슬아치들에게 곡식이나 돈을 주었는데 이를 일러 '녹봉'이라 했습니다. 녹봉은 지금의 월급이라 할 수 있습니다. 복이나 녹봉을 이르는 말을 한자로 써 보세요.

_____

쉬어가는 마당 239쪽 ···>

33 욕식기인 선시기우 욕지기부 선시기자

欲 識 其 人 先 視 其 友 欲 知 其 父 先 視 其 子

그 사람을 알려고 한다면 먼저 그 친구를 보고,
그 아버지를 알려고 한다면 먼저 그 아들을 보라.

148

欲	識	其	人	일진대,	先	視	其	友	하고,
바랄 욕	알 식	그 기	사람 인		먼저 선	볼 시	그 기	벗 우	

그 사람을 알려고 한다면 먼저 그 친구를 보고,

欲	知	其	父	일진대,	先	視	其	子	하라.
바랄 욕	알 지	그 기	아비 부		먼저 선	볼 시	그 기	아들 자	

그 아버지를 알려고 한다면 먼저 그 아들을 보라.

위 구절의 뜻을 함께 생각해 볼까요?

위 구절의 의미는 무엇일까요? 친구란 자신과 생각이 비슷하고 마음이 맞아야 되지 그렇지 않으면 친해지기 어렵습니다. 친한 친구와 나는 가장 닮은 사람이고, 내 친구를 보면 나를 알 수 있는 것 이겠지요. 또한 부모님은 내가 가장 많이 닮은 사람이 아닐까요? 성격, 습관, 생각, 모습까지 우리는 부모님과 닮았습니다. 그러니 내 아버지를 모르는 사람도 나를 보면 내 아버지를 알 수 있는 것입 니다.

다 같이 생각하고 실천해요.

우리 부모님과 내가 닮은 점을 생각해 봅시다. 생김새, 생각, 습관으로 나눠서 적어 보세요.

_____

_____

_____

欲	識	其	人	일진대,	先	視	其	友	하고,
바랄 **욕**	알 **식**	그 기	사람 **인**		먼저 **선**	볼 **시**	그 기	벗 **우**	

그 사람을 알려고 한다면 먼저 그 친구를 보고,

欲	知	其	父	일진대,	先	視	其	子	하리.
바랄 **욕**	알 **지**	그 기	아비 **부**		먼저 **선**	볼 **시**	그 기	아들 **자**	

그 아버지를 알려고 한다면 먼저 그 아들을 보라.

오늘의 퀴즈

1. 그 사람을 할려고 한다면 먼저 그 (   )를 보고, 그 아버지를 알려고 한다면
먼저 그 (   )을 보라.

2. 오래도록 친하게 사귀어 온 사람을 일러 '친구'라고 합니다. 예전에는 '벗'이라는 말을 더 많이
썼습니다. '벗 우'를 한자로 써 보세요.

_____

3. '부자지간'은 아버지와 아들 사이를 이르는 말입니다. 아버지와 아들을 뜻하는 '부자'를 한자로
써 보세요.

_____

성심(省心) 하편 : 마음을 살펴라

수지청즉무어 인지찰즉무도
水至淸則無魚 人至察則無徒

물이 지나치게 맑으면 물고기가 없고,
사람이 너무 따지면 따르는 사람이 없다.

152

水	至	淸	則	無	魚	하고,			
물 수	지극할 지	맑을 청	곧 즉	없을 무	물고기 어				
물이 지나치게 맑으면 물고기가 없고,									

人	至	察	則	無	徒	니라.			
사람 인	지극할 지	살필 찰	곧 즉	없을 무	무리 도				
사람이 너무 따지면 따르는 사람이 없다.									

위 구절의 뜻을 함께 생각해 볼까요?

어항의 물을 정수기 물로 갈아 주면 어떻게 될까요? 물이 지나치게 맑으면 오히려 물고기가 살기 어렵습니다. 물에 물고기가 먹을 수 있는 미생물들이 없기 때문입니다. 다른 사람을 대할 때는 너무 깨끗한 물처럼 따지면 사람들이 곁에 붙어 있을 수 없습니다. 자신한테는 엄격하더라도, 사람들을 대할 때는 좀 더 너그럽게 대할 줄 아는 사람이 정말 훌륭한 사람이라고 생각합니다. 이런 사람을 사람들은 좋아하고 존경하고 따르기 마련입니다.

다 같이 생각하고 실천해요.

내가 다른 사람과 똑같은 잘못을 했을 때 나의 태도는 어떤가요? 다른 사람이 잘못한 것은 따지면서 내가 잘못한 것은 그냥 넘어가려고 하지 않나요? 잘못을 대하는 나의 태도를 돌아보고 고칠 점이 있다면 적어 보세요.

_____

_____

_____

입으로 소리 내어 읽으면서 손으로 직접 써 보세요!

水	至	淸	則	無	魚	하고,			
물 수	지극할 지	맑을 청	곧 즉	없을 무	물고기 어				

물이 지나치게 맑으면 물고기가 없고,

人	至	察	則	無	徒	니라.			
사람 인	지극할 지	살필 찰	곧 즉	없을 무	무리 도				

사람이 너무 따지면 따르는 사람이 없다.

오늘의 퀴즈

1. 물이 지나치게 맑으면 (   )가 없고, 사람이 너무 따지면 따르는 (   ) 이 없다.

2. '어류', '어종', '어패류'와 같은 낱말에 쓰이는 '어'는 물고기를 뜻합니다. 우리말의 물고기를 뜻하는 말을 찾아 한자로 써 보세요.

---

3. '관찰', '고찰', '통찰', '불찰'과 같은 낱말에 쓰이는 '찰'은 자세히 살피고 따지는 것을 의미합니다. 이러한 의미를 가진 한자를 찾아 써 보세요.

쉬어가는 마당 240쪽 ⋯⋯

독서 기가지본 근검 치가지본
讀書 起家之本 勤儉 治家之本

독서는 집안을 일으키는 근본이고,
부지런하고 검소함은 집안을 다스리는 근본이라.

讀	書	는	起	家	之	本	이오,			
읽을 독	글 서		일어날 기	집 가	어조사 지	근본 본				

독서는 집안을 일으키는 근본이고,

勤	儉	은	治	家	之	本	이라.			
부지런할 근	검소할 검		다스릴 치	집 가	어조사 지	근본 본				

부지런하고 검소함은 집안을 다스리는 근본이라.

위 구절의 뜻을 함께 생각해 볼까요?

'입교(立敎)'편은 세상살이의 기본이 될 만한 도리와 원칙들을 모아 놓았습니다. 개인, 가정, 사회, 국가가 올바른 원칙을 세워야 한다고 강조하고 있습니다. 위의 구절은 가정에서 세워져야 할 올바른 원칙에 대해 말하고 있습니다. 여기서는 바로 '독서', '부지런함과 검소함'이라고 가르치고 있습니다. 모두 말은 쉬운데 실천이 생각만큼 쉽지는 않겠지만 여러분 인생을 좀 더 훌륭하게 만들어 줄 것입니다.

다 같이 생각하고 실천해요.

『명심보감』은 '독서는 집안을 일으키는 근본이다'라고 말하고 있습니다. 나는 집안을 일으키는 근본이 뭐라고 생각하는지 적어 보세요.

집안을 일으키는 근본 :
_____

_____

그렇게 생각하는 이유나 까닭 :
_____

_____

讀	書	는	起	家	之	本	이요,			
읽을 **독**	글 **서**		일어날 **기**	집 **가**	어조사 **지**	근본 **본**				

독서는 집안을 일으키는 근본이고,

勤	儉	은	治	家	之	本	이라.			
부지런할 **근**	검소할 **검**		다스릴 **치**	집 **가**	어조사 **지**	근본 **본**				

부지런하고 검소함은 집안을 다스리는 근본이라.

 오늘의 퀴즈

1. ( )는 집안을 일으키는 근본이고, 부지런하고 ( )은 집안을 다스리는 근본이라.

2. 책을 읽는다는 뜻의 '독서'를 한자로 써 보세요.

_____

3. '근본', '기본', '본질', '본바탕' 등의 낱말에 쓰인 '본'은 기초나 뿌리를 의미하는 말입니다. '사물이나 생각 등이 생기는 본바탕'을 의미하는 한자를 찾아 써 보세요.

_____

36

일생지계 재어유 일일지계 재어인
一 生 之 計 在 於 幼 一 日 之 計 在 於 寅

일생의 계획은 어릴 때에 있고,
하루의 계획은 새벽에 있다.

계획표:

1. 아침 먹고 텔레비전 3시간 동안 보기

점심 먹고 낮잠 자기,
일어나서 게임 4시간 하기
간식먹고 놀이터에서
놀기

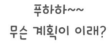
푸하하~~
무슨 계획이 이래?

나도 껴 줘….

흠~

그래~!
같이 놀자~

이게 오늘 오빠들
계획이란 말이지…?

노세~ 노세~ 신나게 노세~

一	生	之	計	는	在	於	幼	하고,	
한 일	날 생	어조사 지	계획 계		있을 재	어조사 어	어릴 유		

일생의 계획은 어릴 때에 있고,

一	日	之	計	는	在	於	寅	이라.	
한 일	날 일	어조사 지	계획 계		있을 재	어조사 어	새벽 인		

하루의 계획은 새벽에 있다.

 위 구절의 뜻을 함께 생각해 볼까요?

위의 구절은 무의미한 인생을 살지 않게 하기 위한 말씀입니다. 여러분은 인생의 계획이나 꿈이 있나요? 만약 없다면 지금부터라도 고민해서 계획을 세우시기 바랍니다. 또한 하루를 시작할 때 꼭 그 날 할 일을 생각하고 시작해 보세요. 그러면 후회가 적은 인생을 살 수 있을 것입니다. 시간은 물과 같아서 한 번 흘러간 시간은 영원히 돌아오지 않습니다.

 **다 같이 생각하고 실천해요.**

일생의 계획(꿈)은 어릴 때 세우라고 했습니다. 꿈은 자신이 잘하는 것, 좋아하는 것, 즐거운 것을 고려해서 정하면 좋습니다. 이것들을 적어 보세요.

잘하는 것 : _____

좋아하는 것 : _____

즐거운 것 : _____

나의 꿈 : _____

一	生	之	計	는	在	於	幼	하고,		
한 **일**	날 **생**	어조사 **지**	계획 **계**		있을 **재**	어조사 **어**	어릴 **유**			

일생의 계획은 어릴 때에 있고,

一	日	之	計	는	在	於	寅	이라.		
한 **일**	날 **일**	어조사 **지**	계획 **계**		있을 **재**	어조사 **어**	새벽 **인**			

하루의 계획은 새벽에 있다.

오늘의 퀴즈

1. (　　　　　　)의 계획은 어릴 때에 있고, (　　　　　　)의 계획은 새벽에 있다.

2. 초등학교 입학 전 어린아이들을 일러 '유아'라고 부릅니다. 유아들이 다니는 곳이 '유치원'입니다. '유아', '유치원' 등에 공통적으로 들어간 '어리다'라는 뜻의 한자를 찾아 써 보세요.

_____

3. 옛날 사람들은 시간을 나타낼 때 하루를 12개(12간지)로 나눴습니다. 그중에 '인시'는 세 번째 시간으로 새벽 3시부터 5시를 칭하는 말입니다. 새벽 시간을 의미하는 '인'을 한자로 써 보세요.

_____

쉬어가는 마당 242쪽 ⋯

③7 당관지법 유유삼사 왈청 왈신 왈근
當 官 之 法 唯 有 三 事 曰 清 曰 愼 曰 勤

관리된 자가 지켜야 할 법이 오직 세 가지가 있으니,
청렴함과 신중함과 부지런함이다.

當	官	之	法	이	唯	有	三	事	하니,
맡을 당	벼슬 관	어조사 지	법 법		오직 유	있을 유	석 삼	일 사	

관리된 자가 지켜야 할 법이 오직 세 가지가 있으니,

日	淸		日	愼		日	勤	이라.
말할 왈	맑을 청		말할 왈	삼갈 신		말할 왈	부지런할 근	

청렴함과 신중함과 부지런함이다.

위 구절의 뜻을 함께 생각해 볼까요?

정치란 사회 질서를 바로잡고 백성들의 삶을 평안하게 해 주기 위해 있는 것입니다. '치정(治政)'편은 바로 이 정치와 관련한 내용으로, 나라의 정사를 맡은 사람들이 어떻게 일해야 하는지와 어떻게 봉사해야 하는지가 잘 나와 있습니다. 위의 구절에서는 관리된 자가 지켜야 할 세 가지 법으로 '청렴함', '신중함', '부지런함'을 꼽았습니다. 이런 세 가지를 갖추지 않은 사람들이 정치를 하면 국민들이 어려움에 처하고 나라가 어지럽게 되는 것입니다.

다 같이 생각하고 실천해요.

1. 관리된 자가 꼭 지켜야 할 법 세 가지로 '청렴함', '신중함', '부지런함'을 꼽았습니다. 내가 만약 관리된 자가 꼭 지켜야 할 법 세 가지를 꼽는다면 무엇을 꼽을지 적어 보세요.

_____

2. 관리된 자가 꼭 지켜야 할 법 세 가지 중 내가 가장 잘 갖추고 있는 것과 가장 부족한 것은 무엇인지 적어 보세요.

내가 가장 잘 갖추고 있는 것 :
_____

가장 부족한 것 :
_____

當	官	之	法	이	唯	有	三	事	하니,
맡을 **당**	벼슬 **관**	어조사 **지**	법 **법**		오직 **유**	있을 **유**	석 **삼**	일 **사**	

관리된 자가 지켜야 할 법이 오직 세 가지가 있으니,

曰	淸		曰	愼		曰	勤	이라.
말할 **왈**	맑을 **청**		말할 **왈**	삼갈 **신**		말할 **왈**	부지런할 **근**	

청렴함과 신중함과 부지런함이다.

오늘의 퀴즈

1. 관리된 자가 지켜야 할 법이 오직 세 가지가 있으니, (   )과 신중함과
(   )이다.

2. '청정', '청결', '청명', '청렴' 같은 낱말에 쓰이는 '청'은 '맑고 깨끗하다'라는 의미를 지니고 있습니다. '맑고 깨끗하다'라는 의미를 지닌 한자를 찾아 써 보세요.

_____

3. 가볍게 행동하지 않고 조심스러움을 '신중'이라고 합니다. 남이 보지 않는 곳에 혼자 있을 때 자신의 말과 행동을 삼가는 것을 '신독'이라고도 합니다. '신중', '신독' 등에 쓰인 '신'을 한자로 써 보세요.

_____

쉬어가는 마당 243쪽 ⋯⋯▸

38 자효쌍친락 가화만사성

子孝雙親樂 家和萬事成

자식이 효도하면 어버이가 즐겁고,
집안이 화목하면 모든 일이 잘된다.

子	孝	雙	親	樂	이오,			
아들 자	효도 효	쌍 쌍	어버이 친	즐거울 락				
자식이 효도하면 어버이가 즐겁고,								

家	和	萬	事	成	이니라.			
집 가	화목할 화	일만 만	일 사	이룰 성				
집안이 화목하면 모든 일이 잘된다.								

위 구절의 뜻을 함께 생각해 볼까요?

가정이 바로 서야 사회도 밝은 사회가 될 수 있고 나라도 바로 설 수 있습니다. '치가(治家)'편은 가정에 대해 다루고 있습니다. 위의 구절에는 가정을 다스리는 기본 원리가 잘 소개되어 있습니다. 부모님은 자녀를 사랑하고, 자녀는 부모님께 효도하면 화목하고 행복한 가정입니다. 이런 가정은 모든 일이 잘될 거라 말하고 있습니다. 여러분의 가정은 어떤가요?

다 같이 생각하고 실천해요.

'자식이 효도하면 부모님이 즐겁다'라고 했습니다. 자신이 생각하는 효도란 무엇이라고 생각하는지와 왜 그렇게 생각했는지도 적어 보세요.

_____

_____

_____

子	孝	雙	親	樂	이오,				
아들 자	효도 효	쌍 쌍	어버이 친	즐거울 락					

자식이 효도하면 어버이가 즐겁고,

家	和	萬	事	成	아니라.				
집 가	화목할 화	일만 만	일 사	이룰 성					

집안이 화목하면 모든 일이 잘된다.

오늘의 퀴즈

1. 자식이 (   )하면 어버이가 즐겁고, 집안이 (   )하면 모든 일
이 잘된다.

2. '쌍둥이', '쌍꺼풀', '쌍수'와 같은 낱말에 쓰이는 '쌍'은 둘씩 짝을 이룬 것을 이를 때 쓰는 말입니
다. 둘씩 짝을 이룬 것이라는 의미의 한자를 찾아 써 보세요.

_____

3. '완성', '성공', '달성' 등에 쓰이는 '성'은 성취하거나 힘들여 얻는 것을 일컫습니다. '성'을 한자로
써 보세요.

_____

39 관조석지조안 가이복인가지흥체

觀 朝 夕 之 早 晏 可 以 卜 人 家 之 興 替

아침밥과 저녁밥이 이른지 늦은지를 보면,
그 집안이 흥할지 망할지 알 수 있다.

觀	朝	夕	之	早	晏	하여,			
볼 관	아침 조	저녁 석	어조사 지	이를 조	늦을 안				
아침밥과 저녁밥이 이른지 늦은지를 보면,									

可	以	卜	人	家	之	興	替	니라.	
가히 가	써 이	점 복	사람 인	집 가	어조사 지	흥할 흥	쇠퇴할 체		
그 집안이 흥할지 망할지 알 수 있다.									

위 구절의 뜻을 함께 생각해 볼까요?

'큰 부자는 하늘에 달려 있고, 작은 부자는 부지런함에 달려 있다'는 말이 '성심(省心)'편에 나옵니다. 선조들은 큰 부자는 하늘이 내리지만 작은 부자는 개인에게 달려 있다고 생각했습니다. 특히 개인이 부지런히 일하면 큰 부자는 아닐지라도 작은 부자로는 살 수 있다고 생각했습니다. 위의 구절도 부지런함과 관련 있는 구절입니다. 우리집 아침 식사 시간은 어떤가요? '작은 부자는 부지런함에 달렸다'라는 말을 가슴에 새기면서 열심히 살아가기 바랍니다.

다 같이 생각하고 실천해요.

『명심보감』은 아침밥과 저녁밥 먹는 시간을 보면 그 집안이 망할지 흥할지 알 수 있다고 했습니다. 여러분은 그 집안의 흥망을 판단할 때 무엇을 보면 알 수 있다고 생각하나요? 이유까지 적어 보세요.

집안의 흥망을 좌우하는 것 :
_____

그렇게 생각한 이유 :
_____

입으로 소리 내어 읽으면서 손으로 직접 써 보세요!

觀	朝	夕	之	早	晏	하여,			
볼 **관**	아침 **조**	저녁 **석**	어조사 **지**	이를 **조**	늦을 **안**				

아침밥과 저녁밥이 이른지 늦은지를 보면,

可	以	卜	人	家	之	興	替	니라.	
가히 **가**	써 **이**	점 **복**	사람 **인**	집 **가**	어조사 **지**	흥할 **흥**	쇠퇴할 **체**		

그 집안이 흥할지 망할지 알 수 있다.

오늘의 퀴즈

1. ( )과 저녁밥이 이른지 늦은지를 보면, 그 ( )이 흥할지 망할지 알 수 있다.

2. 아침과 저녁을 아울러 이를 때 '조석'이라 이릅니다. 우리말의 아침과 저녁을 뜻하는 낱말 '조석'을 한자로 써 보세요.

---

3. '흥망성쇠'는 '흥하고 망하고 성하고 쇠하는 것'을 아울러 이를 때 쓰는 말입니다. 이 중에서 잘 되어 번성한다는 뜻의 '흥'을 한자로 써 보세요.

쉬어가는 마당 244쪽 ⋯›

40

인륜 위중야 불가무독
人倫 爲重也 不可無篤

인륜에서 가장 중요한 것이니,
돈독하게 하지 않으면 안 된다.

〈무엇보다 중요한 형제 우애!

형제 사랑!〉

〈무엇보다 중요한 형제 우애!

형제 사랑!〉

다녀오셨어요?

사랑하는 형!
어서 빨리 치우자~

그러자! 사랑하는
동생아~!

여태
놀았구만...

人	倫		爲	重	也	이니,			
사람 인	인륜 륜		될 위	무거울 중	어조사 야				

인륜에서 가장 중요한 것이니,

不	可	無	篤	이니라.				
아니 불	가히 가	없을 무	돈독할 독					

돈독하게 하지 않으면 안 된다.

위 구절의 뜻을 함께 생각해 볼까요?

'안의(安義)'편은 인간관계에 대한 내용을 담고 있습니다. '義(옳을 의)'는 '인간이라면 마땅히 지켜야 할 도리'를 뜻합니다. 위의 구절에서도 부부(夫婦), 부자(父子), 형제(兄弟)를 인륜의 다른 어느 것보다 가장 중요한 것으로 말하고 있습니다. 모든 관계의 출발은 다름 아닌 내 가족들과의 관계임을 알고 부모님과 형제들과의 관계부터 돌아보는 인생이 되길 바랍니다.

다 같이 생각하고 실천해요.

'인륜(人倫)'이란 다양한 인간관계에서 마땅히 지켜야 할 도리를 말합니다. 여러분은 가장 중요한 인간관계는 무엇이라 생각하는지와 그 이유를 적어 보세요.

_____

_____

_____

人	倫		爲	重	也	아니,			
사람 **인**	인륜 **륜**		될 **위**	무거울 **중**	어조사 **야**				

인륜에서 가장 중요한 것이니,

不	可	無	篤	아니라.					
아니 **불**	가히 **가**	없을 **무**	돈독할 **독**						

돈독하게 하지 않으면 안 된다.

오늘의 퀴즈

1. (   )에서 가장 중요한 것이니, (   )하게 하지 않으면 안 된다.

2. '중요', '중심', '중대'와 같은 낱말에 공통적으로 쓰인 '중'은 '무겁고 중요하다'라는 뜻을 담고 있습니다. 우리말의 무겁고 중요하다라는 뜻을 지닌 말을 한자로 써 보세요.

_____

3. '돈독하다'라는 말은 '매우 도탑고 신실하다'라는 말입니다. 비슷한 말로 '두텁다'라는 말을 쓸 수 있습니다. 우리말의 '돈독하다'라는 뜻에 해당하는 한자를 찾아 써 보세요.

_____

형제 위수족 수족단처 난가속
兄 弟 爲 手 足 手 足 斷 處 難 可 續

형제는 손발과 같고,
손발이 끊어지면 다시 잇기 어렵다.

兄	弟	는	爲	手	足	하고,			
맏 형	아우 제		될 위	손 수	발 족				
형제는 손발과 같고,									

手	足	斷	處	엔	難	可	續	이니라.	
손 수	발 족	끊을 단	살 처		어려울 난	가히 가	이을 속		
손발이 끊어지면 다시 잇기 어렵다.									

위 구절의 뜻을 함께 생각해 볼까요?

『사자소학』이라는 책에는 '형제유난(兄弟有難) 민이사구(悶而思救)' 구절이 있습니다. 뜻은 '형제간에 어려운 일이 있으면 근심하고 구원해 줄 것을 생각하라'입니다. 위의 구절도 형제 관계의 중요성에 대해 말해 주고 있습니다. 세상에서 나를 부모님 다음으로 사랑하고 아껴 줄 사람이 바로 형제입니다. 하지만 형제 관계는 부모 관계와 달라서 서로 노력이 필요하고, 그렇지 않으면 끊어지기 쉽습니다. 형제를 소중히 생각하고 아끼는 마음을 가져야 합니다.

다 같이 생각하고 실천해요.

형제 관계는 한 번 끊어지면 손발이 끊어진 것처럼 다시 잇기 어렵다고 강조합니다. 관계 중에서 한 번 끊어지면 돌이키기 어려운 관계는 무엇이라 생각합니까? 그 이유도 함께 적어 보세요.

_____

_____

_____

입으로 소리 내어 읽으면서 손으로 직접 써 보세요!

兄	弟	는	爲	手	足	하고,			
맏 **형**	아우 **제**		될 **위**	손 **수**	발 **족**				

형제는 손발과 같고,

手	足	斷	處	엔	難	可	續	이니라.	
손 **수**	발 **족**	끊을 **단**	살 **처**		어려울 **난**	가히 **가**	이을 **속**		

손발이 끊어지면 다시 잇기 어렵다.

오늘의 퀴즈

1. 형제는 (   )과 같고, 손발이 끊어지면 다시 (   ) 어렵다.

2. '형제'는 보통 형과 아우를 아울러 부르는 말이지만, 같은 부모에게서 난 형제, 자매, 남매를 통틀어 이르는 말이기도 합니다. 우리말의 형과 아우를 뜻하는 '형제'를 한자로 써 보세요.

_____

3. '수족'은 손과 발을 아울러 부르는 말이지만, 손발처럼 마음대로 부리는 사람을 비유적으로 이르는 말이기도 합니다. 우리말의 손과 발을 뜻하는 '수족'을 한자로 써 보세요.

_____

쉬어가는 마당 245쪽 ···▶

사람은 누구나 행복하기를 원합니다. 우리가 살아가는 목적도 어쩌면 행복해지기 위해서인지도 모릅니다. 돈을 많이 벌고, 높은 자리에 올라가고, 맛있는 것을 먹는 것도 모두 행복해지기 위한 행동들일 것입니다. 하지만 돈, 명예, 쾌락 같은 것은 사람을 잠깐 동안 행복하게 할지는 모르지만 근본적으로 행복하게 하지는 못합니다. 여러분은 무엇이 사람을 행복하게 해 준다고 생각하나요?

사람은 '관계'가 좋을 때 행복감을 느낍니다. 친한 친구와 같이 있으면 행복한 이유는 무엇일까요? 그 친구와 관계가 좋기 때문입니다. 부모님과 관계가 좋으면 부모님과 함께 하는 시간이 행복합니다. 사람은 돈이나 명예보다 '관계'가 좋을 때 행복해지는 그런 존재입니다.

이번 장에서는 바로 '세상과의 건강한 관계 맺기'라는 주제에 대해 배우게 됩니다. 건강한 관계를 위해서는 말과 행동을 조심해야 하며 서로 간의 예절도 지켜야 합니다. 또한 친구와의 좋은 관계를 위해 꼭 알고 지켜야 할 것도 있습니다.

여러분 모두가 주변 사람들에게 기쁨을 나눠 주고 사랑받는 아름다운 관계를 맺기를 기원합니다. 주변 사람들과의 건강한 관계를 통해 행복한 인생을 살아갈 수 있을 것입니다.

4장

준례遵禮, 언어言語
교우交友, 권학勸學 편

세상과의
건강한 관계 맺기

약요인중아 무과아중인

若 要 人 重 我　無 過 我 重 人

만일 다른 사람이 나를 정중하게 대해 주길 원하거든,
내가 먼저 다른 사람을 정중히 대해야 한다.

若	要	人	重	我	일진대,				
만일 약	구할 요	사람 인	무거울 중	나 아					

만일 다른 사람이 나를 정중하게 대해 주길 원하거든,

無	過	我	重	人	이니라.				
없을 무	지날 과	나 아	무거울 중	사람 인					

내가 먼저 다른 사람을 정중히 대해야 한다.

위 구절의 뜻을 함께 생각해 볼까요?

'예의'는 사람이 살아가면서 마땅히 지켜야 할 도리를 말합니다. '준례(遵禮)'편은 예의와 관련된 내용입니다. 위의 구절은 '준례(遵禮)'편의 핵심이라 할 수 있습니다. 예의는 쉽게 말해 내가 대접받고자 하는 대로 남을 대접하는 것입니다. 여러분이 존중받길 원하면 남을 존중하고, 남이 자신에게 고운 말로 말해 주길 원한다면 자신이 먼저 고운 말로 대해 주세요. 이것이 예의의 출발이자 마지막입니다.

다 같이 생각하고 실천해요.

위 구절은 자신이 정중하게 대접받길 원한다면 내가 먼저 다른 사람을 정중하게 대하라고 가르치고 있습니다. 자신은 다른 사람을 정중하게 대한다고 생각합니까? 이유까지 적어 보세요.

_____

_____

_____

입으로 소리 내어 읽으면서 손으로 직접 써 보세요!

若	要	人	重	我	일진대,				
만일 **약**	구할 **요**	사람 **인**	무거울 **중**	나 **아**					

만일 다른 사람이 나를 정중하게 대해 주길 원하거든,

無	過	我	重	人	아니라.				
없을 **무**	지날 **과**	나 **아**	무거울 **중**	사람 **인**					

내가 먼저 다른 사람을 정중히 대해야 한다.

오늘의 퀴즈

1. 만일 다른 사람이 나를 ( )하게 대해 주길 원하거든, 내가 먼저 다른 사람을
( )히 대해야 한다.

2. 태도가 점잖고 엄숙한 것을 '정중하다'라고 합니다. '정중', '신중', '막중' 등에 쓰인 무겁다는 뜻의 '중'을 한자로 써 보세요.

___

3. 한자에서 '나'를 의미하는 글자가 크게 '我(아)'와 '吾(오)'가 있습니다. 이 중 '자아', '아집' 등의 낱말에 쓰이는 한자를 써 보세요.

___

43 부불언자지덕 자불담부지과

父 不 言 子 之 德 子 不 談 父 之 過

아버지는 아들의 훌륭함을 말하지 말아야 하며,
아들은 아버지의 허물을 말하지 말아야 한다.

어느 날 밤에 저는 늦게까지 일하느라 고생하시는 아버지께 꿀차를 드리러 갔습니다.

아버지는 책상 앞에서 열심히 게임을 하고 계셨습니다.

공격!!
공격!!

헉!

작업이 너무 힘드셔서 잠시 기분 전환을 하시려던 것이겠지요. 전 정말 아버지를 존경하고 사랑합니다~!

당신, 몰래 게임 안 한다더니!!

아, 아니야~ 여보~! 션이 잘못 본 거야~

션, 잠깐 나 좀 보자!

정말로 아버지를 칭찬하려고 쓴 글인데.

父	不	言	子	之	德	하며,			
아비 부	아니 불	말씀 언	아들 자	어조사 지	덕 덕				
아버지는 아들의 훌륭함을 말하지 말아야 하며,									

子	不	談	父	之	過	니라.			
아들 자	아니 불	말씀 담	아비 부	어조사 지	허물 과				
아들은 아버지의 허물을 말하지 말아야 한다.									

위 구절의 뜻을 함께 생각해 볼까요?

'예의' 중에 가장 많은 부분을 차지하는 내용이 아마도 사람의 말과 관련된 것입니다. 말을 할 때 지켜야 할 예의는 여러 가지가 있습니다. 그중에서도 조심해야 할 예의는 칭찬과 비난입니다. 부모가 다른 사람들 앞에서 자기 자녀 칭찬(자랑)을 늘어놓는 것은 조심해야 합니다. 한편 자식이 부모님의 허물을 다른 사람들에게 떠벌리는 것도 해서는 안 되는 행동일 것입니다. 다른 사람들 앞에서 칭찬과 비난만 잘 절제할 수 있어도 이미 훌륭한 사람의 자질이 충분하다고 생각합니다.

다 같이 생각하고 실천해요.

나는 다른 사람들 앞에서 자기 자랑을 많이 하는 사람인지 아닌지 생각해 보고 이유까지 적어 보세요.

_____

_____

_____

입으로 소리 내어 읽으면서 손으로 직접 써 보세요!

父	不	言	子	之	德	하며,			
아비 **부**	아니 **불**	말씀 **언**	아들 **자**	어조사 **지**	덕 **덕**				

아버지는 아들의 훌륭함을 말하지 말아야 하며,

子	不	談	父	之	過	니라.			
아들 **자**	아니 **불**	말씀 **담**	아비 **부**	어조사 **지**	허물 **과**				

아들은 아버지의 허물을 말하지 말아야 한다.

오늘의 퀴즈

1. (   )는 아들의 훌륭함을 말하지 말아야 하며, (   )은 아버지의 허물을 말하지 말아야 한다.

2. '인덕', '덕행', '덕목', '덕망', '도덕' 등에 쓰인 '덕'은 사려 깊고 훌륭한 성품을 이르는 말입니다. '덕'을 한자로 써 보세요.

_____

3. 잘못이나 허물을 일러 '과오'라고 합니다. 여기에 쓰인 '과'는 '과실', '과잉', '과중' 같은 낱말 등에도 쓰입니다. 잘못이나 허물을 뜻하는 한자를 찾아 써 보세요.

_____

쉬어가는 마당 246쪽 ⋯⟩

44 언불중리 불여불언
言 不 中 理 不 如 不 言

이치에 맞지 않는 말은 말하지 않는 편이 더 낫다.

194

言	不	中	理	면				
말씀 언	아니 불	가운데 중	이치 리					
이치에 맞지 않는 말은								

不	如	不	言	아니라.				
아니 불	같을 여	아니 불	말씀 언					
말하지 않는 편이 더 낫다.								

위 구절의 뜻을 함께 생각해 볼까요?

인류의 4대 스승 중의 한 사람으로 꼽히는 공자는 '평생 선을 행해도 한마디 말의 잘못으로 이를 깨뜨린다'고 말했습니다. 말의 중요성을 잘 표현한 말이라 생각합니다. '언어(言語)'편은 바로 말과 관련된 내용입니다. 말을 함부로 하지 말라는 내용으로 가득합니다. 위의 구절도 결국 말을 조심하고 아끼라는 것입니다. 이치에 맞지 않는 말은 어떤 말일까요? 앞뒤가 안 맞고 논리적으로 맞지 않는 것을 말합니다. 이런 말은 안 하는 편이 더 낫습니다.

다 같이 생각하고 실천해요.

1. '이치에 맞지 않는 말은 말하지 않는 편이 낫다'라고 했습니다. 본인이 생각할 때 이치에 맞지 않는 말은 어떤 말이라고 생각하나요? 두 가지 정도만 적어 보세요.

1.
_____

2.
_____

2. 최근에 자신이 말한 것들 중에 이치에 맞지 않는 말이 있다면 적어 보세요.

_____

196

言	不	中	理	면					
말씀 **언**	아니 **불**	가운데 **중**	이치 **리**						

이치에 맞지 않는 말은

不	如	不	言	아니라.					
아니 **불**	같을 **여**	아니 **불**	말씀 **언**						

말하지 않는 편이 더 낫다.

오늘의 퀴즈

1. (   )에 맞지 않는 (   )은 말하지 않는 편이 더 낫다.

2. '이치', '논리', '조리', '원리' 등에 사용되는 '이'는 사물의 정당하고 당연한 조리 또는 도리를 말할 때 사용합니다. 이치를 뜻하는 '이'를 한자로 써 보세요.

_____

3. '발언', '직언', '언급', '언질' 등의 단어는 모두 말하는 것과 관련 있습니다. 우리말의 '말하다'라는 뜻의 한자를 찾아 써 보세요.

_____

45 구설자 화환지문 멸신지부야

口舌者 禍患之門 滅身之斧也

입과 혀는 재앙과 근심이 드나드는 문이오,
몸을 망치는 도끼와 같다.

口	舌	者	는	禍	患	之	門	이오,	
입 구	혀 설	사람 자		재앙 화	근심 환	어조사 지	문 문		

입과 혀는 재앙과 근심이 드나드는 문이오,

滅	身	之	斧	也	이니라.				
멸망할 멸	몸 신	어조사 지	도끼 부	어조사 야					

몸을 망치는 도끼와 같다.

위 구절의 뜻을 함께 생각해 볼까요?

문단속을 제대로 하지 않으면 그 문으로 도둑이 자유롭게 드나들 수도 있겠지요? 우리 몸에도 집의 출입문과 같은 역할을 하는 곳이 있는데 바로 '입'입니다. 말을 잘못하면 나도 다치거나 불행에 빠지지만, 자칫 내 말 때문에 상대방이 상처를 받을 수 있습니다. 『명심보감』에서는 말에 의해 생기는 상처를 칼이나 도끼로 입은 상처에 빗대기도 합니다. 우리의 혀는 그것에 견줄 만큼 무시무시한 무기가 될 수 있다는 것입니다.

다 같이 생각하고 실천해요.

1. '입과 혀는 재앙과 근심이 드나드는 문'이라 했습니다. 자신이 말을 잘못해 어려움과 곤란에 빠진 경험을 적어 보세요.

_____

_____

2. 오늘 구절은 결국 말을 조심하라는 말입니다. 자신이 알고 있는 말과 관련된 속담이나 격언이 있다면 적어 보세요.

_____

口	舌	者	는	禍	患	之	門	이오,		
입 **구**	혀 **설**	사람 **자**		재앙 **화**	근심 **환**	어조사 **지**	문 **문**			

입과 혀는 재앙과 근심이 드나드는 문이오,

滅	身	之	斧	也	이니라.				
멸망할 **멸**	몸 **신**	어조사 **지**	도끼 **부**	어조사 **야**					

몸을 망치는 도끼와 같다.

오늘의 퀴즈

1. 입과 혀는 재앙과 근심이 드나드는 (　　　　　)이오, 몸을 망치는 (　　　　　)
와 같다.

2. 어떤 일 때문에 속을 태우거나 우울해하는 것을 '근심'이라고 합니다. '근심'을 뜻하는 한자를
찾아 써 보세요.

_____

3. '멸망', '멸종', '멸시' 등에 쓰인 '멸'은 완전히 없애고 다 사라지게 하는 것을 말합니다. 멸망시키
고 없애는 것을 뜻하는 한자를 찾아 써 보세요.

_____

⑥ 이인지언 난여면서 상인지어 이여형극
利人之言 煖如綿絮 傷人之語 利如荊棘

사람을 이롭게 하는 말은 따뜻하기가 솜과 같고,
사람을 상처 주는 말은 날카롭기가 가시와 같다.

랄라야~ 우리,
사람을 이롭게 하는 말은 솜과 같고,
사람을 상처 주는 말은 가시 같다는 말
진짜인지 테스트해 볼래?

그래!
좋아!

오빠가 먼저 칭찬할 테니까
눈 감고 잘 들어 봐~

응~!

랄라는 정말 착하고
귀여운 동생이야~ 말도 예쁘게
잘하고 노래도 잘하고 멋진
내 동생이지~!

와~ 정말 솜처럼
따뜻한 느낌이야~

그럼 이번엔 상처 주는 말을 해 볼게~

으….

랄라는 바보래요~ 메롱메롱~ 약 오르지~

으….

진짜 못 참겠어! 화나!

오빠?

앗! 내 아이스크림!

혀니 오빠 바보! 욕심쟁이! 똥강아지! 아이스크림 괴물! 다 먹으면 배탈난다!

으….

항복~ 내가 잘못했어~

훗~

利	人	之	言	은	煖	如	綿	絮	하고,
이로울 이	사람 인	어조사 지	말씀 언		따뜻할 난	같을 여	솜 면	솜 서	

사람을 이롭게 하는 말은 따뜻하기가 솜과 같고,

傷	人	之	語	는	利	如	荊	棘	이라.
상처 상	사람 인	어조사 지	말씀 어		이로울 이	같을 여	가시 형	가시 극	

사람을 상처 주는 말은 날카롭기가 가시와 같다.

위 구절의 뜻을 함께 생각해 볼까요?

말에도 온도가 있습니다. 어떤 말은 한없이 따뜻하게 느껴집니다. 하지만 어떤 말은 한없이 차갑게 느껴집니다. 이런 말은 한 번 들으면 마음이 무너지고 화가 부글부글 끓어오릅니다. 위의 구절은 말의 온도와 관련된 구절입니다. 여러분의 입에서 나오는 말은 어떻습니까? 솜털처럼 부드럽고 따뜻한 말입니까? 아니면 가시처럼 날카롭고 얼음처럼 차가운 말입니까? 자신의 언어 습관을 되돌아보는 시간이 되면 좋겠습니다.

다 같이 생각하고 실천해요.

'사람을 이롭게 하는 말은 따뜻하기가 솜과 같다'고 했습니다. 사람을 이롭게 하는 말에는 어떤 말들이 있을지 적어 보세요.

_____

_____

_____

利	人	之	言	은	煖	如	綿	絮	하고,
이로울 이	사람 인	어조사 지	말씀 언		따뜻할 난	같을 여	솜 면	솜 서	

사람을 이롭게 하는 말은 따뜻하기가 솜과 같고,

傷	人	之	語	는	利	如	荊	棘	이라.
상처 상	사람 인	어조사 지	말씀 어		이로울 이	같을 여	가시 형	가시 극	

사람을 상처 주는 말은 날카롭기가 가시와 같다.

오늘의 퀴즈

1. 사람을 이롭게 하는 말은 따뜻하기가 (   )과 같고, 사람을 상처 주는 말은 날카롭기가 (   )와 같다.

2. '이익', '이득', '이율' 등의 낱말에 쓰이는 '이'는 이롭다는 뜻으로 해롭다와 반대되는 뜻을 지니고 있습니다. 우리말의 '이롭다'를 뜻하는 한자를 찾아 써 보세요.

---

3. '형극'은 가시나무에 촘촘하게 돋은 가시를 뜻하기도 하지만 괴로움이나 어려움을 비유적으로 표현할 때도 많습니다. '형극'을 찾아 한자로 써 보세요.

쉬어가는 마당 247쪽 ⋯›

47 군자 필신기소여처자언
君子 必愼其所與處者焉

군자는 반드시 함께 지내는 사람에 신중해야 한다.

착한 사람과 함께 있으면 난초가 있는 방에 있는 것과 같다.

시간이 한참 지나면 그 향기를 맡지 못하지만 그에게 동화된다.

와~ 멋진 말이다!

君 임금 군	子 사람 자	는							

군자는

必 반드시 필	愼 삼갈 신	其 그 기	所 바 소	與 함께 여	處 머물 처	者 사람 자	焉 어조사 언	이니라.

반드시 함께 지내는 사람에 신중해야 한다.

 위 구절의 뜻을 함께 생각해 볼까요?

'교우(交友)'편은 친구에 대한 내용입니다. '교우(交友)'에서 교(交)는 사귄다는 뜻이고, 우(友)는 벗과 친구를 의미합니다. 즉 '교우(交友)'는 친구를 잘 사귀라는 의미를 담고 있습니다. 위의 구절은 친구를 신중하게 선택해야 한다는 것을 강조하고 있습니다. 왜냐하면 친구는 나에게 너무나 큰 영향을 끼치기 때문입니다. 여러분은 어떤 친구를 사귀고 있나요?

 **다 같이 생각하고 실천해요.**

'군자(君子)'는 학식이 높고 행실이 어질고 훌륭한 사람을 이르는 말입니다. 군자는 반드시 함께 지내는 사람, 즉 친구를 신중하게 선택해야 한다고 했습니다. 여러분은 친구를 선택할 때 어떤 기준으로 선택하는지 적어 보세요.

_____

_____

_____

君	子	는							
임금 **군**	사람 **자**								

군자는

必	愼	其	所	與	處	者	焉	아니라.	
반드시 **필**	삼갈 **신**	그 **기**	바 **소**	함께 **여**	머물 **처**	사람 **자**	어조사 **언**		

반드시 함께 지내는 사람에 신중해야 한다.

오늘의 퀴즈

1. ( )는 반드시 함께 지내는 사람에 ( )해야 한다.

2. 학식이 높고 행실이 어질고 훌륭한 사람을 말할 때 '군자'라고 말합니다. 때론 임금을 이르는 말이기도 합니다. 훌륭한 사람을 칭하는 '군자'를 한자로 써 보세요.

_____

3. '처소', '거처', '처지' 등에 사용되는 '처'는 '산다 혹은 머문다'라는 뜻을 지니고 있습니다. '살거나 머문다'는 뜻을 지닌 한자를 찾아 써 보세요.

_____

48 불결자화 휴요종 무의지붕 불가교
不結子花 休要種 無義之朋 不可交

열매를 맺지 않는 꽃은 심지 말고,
의리가 없는 친구는 사귀지 말라.

얘들아~
치킨 먹자~!

션은 못 먹어요~
아파서 병원에 갔더니
장염이래요~

얘들아~ 치킨은
형아 장염 다 나으면
그때 먹자~

네에….

역시 의리가
있어.

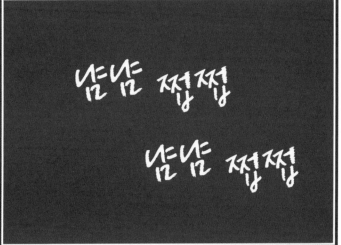

不	結	子	花	는	休	要	種	이오,
아니 불	맺을 결	아들 자	꽃 화		쉴 휴	구할 요	심을 종	

열매를 맺지 않는 꽃은 심지 말고,

無	義	之	朋	은	不	可	交	니라.
없을 무	옳을 의	어조사 지	벗 붕		아니 불	가히 가	사귈 교	

의리가 없는 친구는 사귀지 말라.

 위 구절의 뜻을 함께 생각해 볼까요?

열매를 기대하며 나무를 심고 가꾸었는데 열매가 맺히지 않는다면 어떨까요? 정말 허무할 것입니다. 열매가 맺히는 나무라면 열매가 풍성하게 맺어야 보람이 있을 것입니다. 친구도 마찬가지입니다. 친구 관계를 지속할 수 있게 도와 주는 것은 '의리'입니다. 위의 구절은 어떤 친구를 사귀어야 하는지와 친구 관계를 유지하기 위해서는 어떻게 해야 하는지를 말해 주고 있습니다. 의리 있는 친구는 어떤 친구인지 생각하면서 좋은 친구를 사귀길 바랍니다.

 **다 같이 생각하고 실천해요.**

1. 자신이 생각하는 '의리 있는 친구'는 어떤 친구인지 적어 보세요. 그리고 주변에서 가장 의리 있는 친구는 누구인지도 적어 보세요.

의리 있는 친구란? :
_____

가장 의리 있는 친구 :
_____

2. 자신이 생각하는 '의리 없는 친구'는 어떤 행동을 하는 친구인지 적어 보세요.

_____

입으로 소리 내어 읽으면서 손으로 직접 써 보세요!

不	結	子	花	는	休	要	種	이요,		
아니 **불**	맺을 **결**	아들 **자**	꽃 **화**		쉴 **휴**	구할 **요**	심을 **종**			

열매를 맺지 않는 꽃은 심지 말고,

無	義	之	朋	은	不	可	交	니라.		
없을 **무**	옳을 **의**	어조사 **지**	벗 **붕**		아니 **불**	가히 **가**	사귈 **교**			

의리가 없는 친구는 사귀지 말라.

오늘의 퀴즈

1. (   )를 맺지 않는 꽃은 심지 말고, (   )가 없는 친구는 사귀지 말라.

2. 가을을 '결실의 계절'이라고 합니다. 봄과 여름 동안 애써서 가꾼 열매를 수확하기 때문입니다. '결실', '결과', '결혼' 등에 쓰여 어떤 결과를 만들고 맺는다는 뜻의 한자를 찾아 써 보세요.

_____

3. 사람이 살아가는 데 마땅히 지켜야 할 도리를 일러 '의리'라고 합니다. 우리말의 '옳음'을 뜻하는 '의'를 한자로 써 보세요.

_____

49 노요지마력 일구견인심

路 遙 知 馬 力 日 久 見 人 心

길이 멀어야 말의 힘을 알 수 있고,
오랜 시간이 지나야 사람의 마음을 알 수 있다.

랄라야~
오랜 시간 함께 보내다 보면,
그 사람의 마음을 잘 알 수가
있다고 하잖아~!

내가 혀니를
너보다 오래 겪어 봐서
잘 아는데….

혀니는… 뻥쟁이야~!

나도 형을 잘 아는데
형은 개구쟁이야!!
왕 장난꾸러기!

너희들, 이럴 때
엄마가 어떻게 할지도
잘 알고 있겠지?

하하~ 장난이었어요~
다시 사이좋게 놀 거예요~

하하…하하…

路	遙	知	馬	力	이오,				
길 노	멀 요	알 지	말 마	힘 력					
길이 멀어야 말의 힘을 알 수 있고,									

日	久	見	人	心	이니라.				
날 일	오랠 구	볼 견	사람 인	마음 심					
오랜 시간이 지나야 사람의 마음을 알 수 있다.									

위 구절의 뜻을 함께 생각해 볼까요?

하루에 천리를 달릴 수 있을 정도로 좋은 말을 일러 '천리마(千里馬)'라고 부릅니다. 천리면 서울에서 부산 정도의 거리니까 대단히 힘이 좋고 빠른 말이겠지요? 위의 구절은 사람의 마음을 말의 힘에 빗댄 구절입니다. 친구를 사귈 때 반짝 친구로 사귀지 말고 오랫동안 사귐을 가지라는 말입니다. 오랜 시간을 두고 봐야 그 사람의 진면목과 마음까지도 볼 수 있습니다. 그래서 오랫동안 사귀어 온 친구가 좋은 법입니다. 먼 길을 같이 걸어갈 좋은 친구를 많이 사귀기 바랍니다.

다 같이 생각하고 실천해요.

본인의 친구 중에서 가장 오래 사귀고 있는 친구는 누구인가요? 그 친구의 어떤 점이 오랫동안 친구 관계를 이어 오게 하는지 적어 보세요.

_____

_____

_____

입으로 소리 내어 읽으면서 손으로 직접 써 보세요!

路	遙	知	馬	力	이오,				
길 **노**	멀 **요**	알 **지**	말 **마**	힘 **력**					

길이 멀어야 말의 힘을 알 수 있고,

日	久	見	人	心	아니라.				
날 **일**	오랠 **구**	볼 **견**	사람 **인**	마음 **심**					

오랜 시간이 지나야 사람의 마음을 알 수 있다.

오늘의 퀴즈

1. 길이 멀어야 말의 (　　　　　　　)을 알 수 있고, 오랜 시간이 지나야 사람의 (　　　　　　　)
을 알 수 있다.

2. 사람의 힘을 '인력(人力)'이라 하고, 지구가 잡아당기는 힘을 '중력(重力)'이라고 합니다. '말의 힘'을
일컫는 말인 '마력'을 찾아 한자로 써 보세요.

_____

3. '인심'은 직역하면 '사람의 마음'을 뜻하기도 하고, 남의 처지를 헤아려 주고 도와 주는 마음으
로 쓰일 때는 '인심이 좋다'와 같이 사용되기도 합니다. '인심'을 한자로 써 보세요.

_____

쉬어가는 마당 248쪽 ┅┅▷

㊿ 물위금일불학이유내일 물위금년불학이유내년

勿 謂 今 日 不 學 而 有 來 日 勿 謂 今 年 不 學 而 有 來 年

오늘 배우지 아니하고서 내일이 있다고 말하지 말며,
올해 배우지 아니하고서 내년이 있다고 말하지 말라.

勿	謂	今	日	不	學	而	有	來	日
말 물	이를 위	이제 금	날 일	아니 불	배울 학	말 이을 이	있을 유	올 내	날 일

오늘 배우지 아니하고서 내일이 있다고 말하지 말며,

勿	謂	今	年	不	學	而	有	來	年
말 물	이를 위	이제 금	해 년	아니 불	배울 학	말 이을 이	있을 유	올 내	해 년

올해 배우지 아니하고서 내년이 있다고 말하지 말라.

위 구절의 뜻을 함께 생각해 볼까요?

'권학(勸學)'편은 『명심보감』의 맨 마지막 편으로 배움에는 남녀노소가 없이 열심히 배워야 한다고 강조하고 있습니다. 특히 배우기 좋은 시절은 너무 빨리 지나가 버리기 때문에 짧은 시간이라도 가벼이 여기지 말고 열심히 배워야 합니다. 여러분은 지금 인생에서 가장 좋은 배움의 때를 지나고 있습니다. 자신에게 주어진 하루, 한 시간을 허투루 보내지 말고 정말 소중하게 여기면서 열심히 배워 보세요. 오늘 배우는 사람은 내일이 있고, 올해 열심히 배운 사람은 내년이 있는 법입니다.

다 같이 생각하고 실천해요.

1. '오늘 배우지 아니하고서 내일이 있다고 말하지 말며'라고 말하고 있습니다. 오늘 나는 무엇을 배웠는지 생각해 보고 가장 기억에 남는 배움 내용을 두 가지 적어 보세요.

_____

_____

2. '올해 배우지 않고 내년이 있다고 말하지 말라'라고 말합니다. 올해 자신이 배운 것 중에 가장 기억에 남는 배움은 무엇인지와 그 이유도 적어 보세요.

_____

勿	謂	今	日	不	學	而	有	來	日
말 물	이를 위	이제 금	날 일	아니 불	배울 학	말 이을 이	있을 유	올 내	날 일

오늘 배우지 아니하고서 내일이 있다고 말하지 말며,

勿	謂	今	年	不	學	而	有	來	年
말 물	이를 위	이제 금	해 년	아니 불	배울 학	말 이을 이	있을 유	올 내	해 년

올해 배우지 아니하고서 내년이 있다고 말하지 말라.

오늘의 퀴즈

1. 오늘 배우지 아니하고서 (   )이 있다고 말하지 말며, 올해 배우지 아니하고서
(   )이 있다고 말하지 말라.

2. '금일'은 지금 시간이 흐르고 있는 오늘을 일컫는 말입니다. 비슷한 말로 오늘, 당일(當日) 등이
있습니다. '오늘'을 이르는 '금일'을 한자로 찾아 써 보세요.

_____

3. '내일'은 이튿날이라는 의미로 비슷한 말로 '명일(明日)', '익일(翌日)' 등이 있습니다. 이튿날을 뜻하
는 '내일'을 한자로 찾아 써 보세요.

_____

쉬어가는 마당 249쪽 ···▶

5장

쉬어가는 마당

만화로 나타내기

'착한 일을 하는 사람은 하늘이 복을 내리고, 나쁜 일을 하는 사람은 하늘이 벌을 내린다'라는 글귀와 어울리는 만화를 그려 보세요. 말 주머니도 함께 넣어 봅시다.

사행시 지어 보기

『명심보감』 책 제목으로 다음 예시와 같이 사행시를 지어 보세요.

(예시)

명(明): 명심보감을 읽으면

심(心): 심적으로 도움이 되고

보(寶): 보석 같은 구절들이

감(鑑): 감동으로 밀려옵니다.

명(明):

심(心):

보(寶):

감(鑑):

재미있는 장면 그림으로 나타내기

명심보감 '순명(順命)'편에 보면 다음과 같은 이야기가 나옵니다.

"옛날에 어떤 부자가 문정(文正)이라는 가난한 사람에게 천복비 비문을 탁본(비석에 있는 글자를 종이에 그대로 떠내는 것)을 해 오면 돈을 많이 주겠다는 제안을 합니다. 이 말을 듣고 문정은 천복비가 있는 천복산으로 길을 떠납니다. 수천 리 길을 달려 몇 달 만에 겨우 천복산에 도착했는데, 하필 그날 밤에 그만 천복비에 벼락이 떨어져 산산조각이 나고 말았습니다. 그래서 결국 문정은 탁본도 못 하고 돈도 받지 못합니다."

문정이라는 사람이 정말 불쌍하지 않나요? 사람이 아무리 노력해도 하늘이 허락하지 않으면 안 되는 일이 있는가 봅니다. 이 이야기를 읽으면서 떠오르는 장면을 재미있는 그림으로 표현해 보세요.

부모님께 편지 쓰기

부모님께 효도하는 것을 '나중에 성공하면 그때 제대로 해야지' 하는 친구들이 있습니다. 하지만 이것은 조금 잘못된 생각입니다. 지금 삶 속에서 '작은 것이라도 찾아서 효도할 줄 아는 사람'이 나중에 커서도 효도할 수 있습니다. 부모님들은 큰 것에 감동하는 것이 아닙니다. 여러분이 정성껏 쓴 편지 한 장에도 충분히 기뻐합니다. 자신의 정성을 담은 편지를 써서 부모님께 전달해 보세요. 부모님 입가에 웃음꽃이 피는 것을 볼 수 있을 것입니다.

받을 사람

첫 인사말

하고 싶은 말

끝 인사말

쓴 날짜

쓴 사람

군자(君子) 얼굴 그려 보기

『명심보감』에는 '군자(君子)'라는 말이 자주 나옵니다. 군자는 학식이 높고 행실이 어질며 마음이 착하고 인격이 훌륭한 사람을 가리키는 말입니다. 군자 같은 사람이 되고 싶지 않나요?
'정기(正己)'편 23장 구절에 보면 군자를 다음과 같이 소개하고 있습니다.

"귀로는 다른 사람의 그릇됨을 듣지 아니하고, 눈으로는 다른 사람의 단점을 보지 아니하며, 입으로는 다른 사람의 허물을 말하지 말아야 군자라고 할 수 있다."

이 구절을 생각하며 이에 어울리는 군자의 얼굴을 그려 봅시다.

감사 릴레이

만족하는 사람들의 입에서는 감사가 떠나지 않습니다. 감사를 하면 기적이 일어납니다. 불평하면 될 일도 안 되지만, 감사하면 안될 일도 됩니다. 불평하면 속에서 화가 끓어오르지만, 감사하면 기쁨이 솟구쳐 오릅니다. 주변 사람들에게 감사할 거리를 찾아 감사해 봅시다. 가급적 구체적으로 해 봅시다. 당사자에게 말해 주면 더욱 좋습니다.

어머니께

_____

아버지께

_____

형제에게

_____

친구 (   )에게

_____

친구 (   )에게

_____

선생님께

_____

하루 겪었던 일 중에서

_____

_____

최근에 겪었던 일 중에서

_____

_____

내가 주는 상장

'존심(存心)'편을 읽고 가족이나 친구들 중 이 구절들을 가장 잘 실천하고 있는 사람에게 상장을 써 봅시다.

표 창 장

(   )상   이름 :

위 사람은

년   월   일

내가 가라사대

"황제가 참지 않으면 나라가 황폐해질 것이오, 제후가 참지 않으면 그 몸마저 잃게 될 것이다. 관리가 참지 않으면 법 앞에 죽음을 당하게 될 것이다. 형제가 참지 않으면 갈라져 따로 살 것이다. 부부가 서로 참지 않으면 자식들을 고아가 되게 할 것이다. 친구가 서로 참지 않으면 우정이 사라지게 될 것이다. 자신이 참지 않으면 걱정 근심이 없어지지 않을 것이다."

위 구절은 '계성(戒性)'편 5장으로 공자가 제자인 자장에게 '참음'에 대해 말해 주는 구절입니다. 내가 만약 공자였다면 나는 어떻게 말해 주었을까를 생각하며 다음을 완성해 봅시다.

"스승님 참지 않으면 어떻게 됩니까?"

_____

엄마가 참지 않으면

_____

_____

아빠가 참지 않으면

_____

_____

동생이나 형이 참지 않으면

_____

_____

친구끼리 참지 않으면

_____

_____

구절 바꿔 보기

'근학(勤學)'편은 내용이 길지 않지만 배움과 관련하여 정말 주옥같은 말들이 많이 등장합니다. 다시 보면서 구절을 좀 더 멋진 표현으로 바꿔 보세요.

(예시) 옥은 다듬지 않으면 그릇이 되지 못하고, 사람은 배우지 않으면 옳음을 알지 못한다.

⇒다이아몬드는 다듬지 않으면 보석이 되지 못하고, 사람은 배우지 않으면 못쓰게 된다.

1. 사람이 배우지 않으면, 어둡고 어두운 밤길을 가는 것과 같다.

⇒

2. 배우기를 늘 다하지 못한 듯이 하고, 오직 배운 것을 잃을까 염려하라.

⇒

상상하며 읽기

'훈자(訓子)'편은 '자식을 어떻게 가르칠 것인가'에 대한 내용으로 구성되어 있습니다. 여러분이 나중에 어른이 되어 자식을 낳아서 기른다면 자녀에게 무엇을 가르치고 싶나요?

자녀에게 꼭 가르치고 싶은 것 :

_____

_____

이유 :

_____

_____

_____

어떻게 말하면서 가르칠 것인지 생각해 보고 미래의 자녀에게 말하듯이 적어 보세요.

_____

_____

_____

미래의 나의 모습 그려 보기

사람은 꿈꾼 대로 이루어지기 마련입니다. 20년 뒤 자신의 모습을 상상해 보세요. 무엇을 하고 있으며 어떤 모습으로 변해 있을까요? 자신의 미래 모습을 멋지게 그려 보세요.

친구 모습 그려 보기

'그 사람을 알려거든 먼저 그 사람의 친구를 봐라'는 '성심(省心)'편의 가르침을 생각해 봅시다. 자신의 가장 친한 친구를 떠올리고, 그 친구의 모습을 그려 봅시다. 그리고 나와 닮은 점과 다른 점을 생각해서 적어 봅시다.

친구와 나의 닮은 점

♥

♥

♥

친구와 나의 다른 점

♡

♡

♡

내 삶 돌아보기

'입교(立敎)'편 9장에 중국 북송 때 학자인 '장사숙'이란 사람이 평생 자신의 좌우명으로 삼고 살았던 14가지 항목들이 등장합니다. 매우 좋은 내용들입니다. 이 항목들에 비추어 자신의 삶을 반성해 봅시다.

내용	별점
말은 반드시 충성되고 믿음이 있어야 한다.	☆ ☆ ☆ ☆ ☆
행실은 반드시 돈독하고 공경스러워야 한다.	☆ ☆ ☆ ☆ ☆
음식은 반드시 절제하고 알맞게 먹어야 한다.	☆ ☆ ☆ ☆ ☆
글씨는 반드시 반듯하고 바르게 써야 한다.	☆ ☆ ☆ ☆ ☆
용모는 반드시 단정하고 엄숙해야 한다.	☆ ☆ ☆ ☆ ☆
옷매무새는 반드시 가지런해야 한다.	☆ ☆ ☆ ☆ ☆
걸음걸이는 반드시 편안하고 세심해야 한다.	☆ ☆ ☆ ☆ ☆
사는 곳은 반드시 바르고 정숙해야 한다.	☆ ☆ ☆ ☆ ☆
일하는 것은 반드시 계획을 세워 시작해야 한다.	☆ ☆ ☆ ☆ ☆
말을 할 때는 반드시 그 실행 여부를 생각해야 한다.	☆ ☆ ☆ ☆ ☆
평소에 덕을 반드시 굳게 가져야 한다.	☆ ☆ ☆ ☆ ☆
일을 허락하는 것은 반드시 신중히 생각해야 한다.	☆ ☆ ☆ ☆ ☆
선을 보거든 자기로부터 나온 것처럼 기뻐해라.	☆ ☆ ☆ ☆ ☆
악을 보거든 자기의 병인 것처럼 미워해라.	☆ ☆ ☆ ☆ ☆

내 삶에 최선을 다하기

'치정(治政)'편 5장에는 최선을 다하는 삶의 태도가 나옵니다. 최선을 다한다는 것이 쉽지는 않습니다. 5장 구절을 읽으면서 최선을 다하는 태도를 고민해 보고 구절의 내용 일부를 바꾸어 적어 봅시다.

임금 섬기기를 어버이 섬기는 것 같이 하며,
윗사람 섬기기를 형님 섬기는 것 같이 하며,
동료 대하기를 가족 같이 하며,
여러 아전 대하기를 자기 집 하인 같이 하며,
백성 사랑하기를 내 아내와 자식 같이 하며,
나라 일 처리하기를 내 집안일처럼 한다.
이런 뒤에야 능히 내 마음을 다했다 할 수 있다.
만약 털끝만치라도 부족한 것이 있다면
모두 내 마음에 최선을 다하지 못한 것이 있기 때문이다.
-치정(治政)편 5장

⇒구절 바꿔보기

부모 대하기를
_____

선생님 대하기를
_____

형제 사랑하기를
_____

공부하는 데 있어서
_____

여러 친구 대하기를
_____

이런 뒤에야 능히 내 마음을 다했다 할 수 있다.

만약 털끝만치라도 부족한 것이 있다면

모두 내 마음에 최선을 다하지 못한 것이 있기 때문이다.

결혼할 때 고려할 점

'치가(治家)'편 8장에 '결혼하는 데 있어서 부자인지 가난한지 따지는 것은 오랑캐의 일이다'라는 구절이 등장합니다. 결혼을 할 때 다른 조건보다 상대방이 돈이 많은지 적은지를 따지는 사람들이 많은데 이런 것은 오랑캐, 즉 무식하고 악한 사람들이나 하는 짓이라고 말합니다. 여러분은 결혼할 때 무엇을 고려해야 한다고 생각합니까? 3가지 정도를 생각해서 써 봅시다. 그리고 왜 그것을 고려해야 하는지 이유도 생각해 봅시다.

결혼할 때 고려할 3가지 조건

1. 첫 번째 조건 :

⇒이유 :

2. 두 번째 조건 :

⇒이유 :

3. 세 번째 조건 :

⇒이유 :

우리집 가훈

'안의(安義)'편 1장은 『안씨가훈』이라는 책에 나오는 일부 구절을 소개한 것입니다. 『안씨가훈』은 '안씨 집안의 가훈'이라는 뜻으로, 중국 수나라 때 안지추라는 사람이 자손에게 인생과 생활의 지침으로 삼을 만한 구절을 모아 놓은 책입니다. 학교에는 '교훈(校訓)'이 있듯이, 가정에는 '가훈(家訓)'이라는 것이 있습니다. 우리집 가훈을 적어 봅시다. 그리고 내가 결혼한 후, 가훈으로 삼고 싶은 구절이 있다면 적어 봅시다. 이번 기회를 통해 가훈에 대해 고민해 보고 가훈이 없다면 만들어 봅시다.

현재 우리집 가훈 :

우리집 가훈의 의미 :

미래의 우리집 가훈 :

미래의 우리집 가훈의 의미 :

책 표지 만들기

『명심보감』 책 표지를 만들어 봅시다. 책 표지는 가게의 간판과 같이 책에서 가장 중요한 부분 중의 하나입니다. 여러분이 출판사 대표가 되었다고 생각하고 책 표지를 만들어 봅시다. 책 표지를 만들 때는 책 제목, 출판사 이름, 책을 소개하는 간단한 글귀 등이 들어가야 합니다.

말과 관련된 속담 알기

우리 속담에는 말과 관련된 속담이 아주 많이 있습니다. 속담마다 조금씩 다른 뜻을 포함하고 있어 속담을 기억하면 말을 조심하는 데 도움이 많이 됩니다. 다음의 속담을 읽고 그 뜻을 적어 봅시다.

속담	속담 뜻
가는 말이 고와야 오는 말이 곱다.	
낮말은 새가 듣고, 밤말은 쥐가 듣는다.	
말 한 마디에 천 냥 빚도 갚는다.	
발 없는 말이 천리 간다.	
입은 비뚤어져도 말은 바로 해라.	
금도 모르고 싸다 한다.	
담벼락에 말하는 셈이다.	
말 많은 집은 장맛도 쓰다.	
미꾸라짓국 먹고 용트림한다.	
고자질쟁이가 먼저 죽는다.	

유익한 벗, 해로운 벗

공자는 『논어』라는 책에서 유익한 벗과 해로운 벗에 대해 언급했습니다. 공자가 말하는 유익한 벗과 해로운 벗을 생각해 보고 자신이 생각하는 유익한 벗과 해로운 벗에 대해 적어 봅시다.

공자께서 말씀하셨다.

"유익한 벗이 셋이 있고, 해로운 벗이 셋이 있다. 정직한 사람을 벗하고, 믿을 만한 사람을 벗하고, 아는 것이 많은 사람을 벗하면 유익하다. 위선적인 사람을 벗하고, 아첨 잘하는 사람을 벗하고, 말만 번지르르한 사람을 벗하면 해롭다."

- 『논어』계씨편

⇒ ＿＿＿＿＿＿＿ 께서 말씀하셨다.

유익한 벗이 셋이 있고, 해로운 벗이 셋이 있다.

(   )을 벗하고, (   )을 벗하고,

(   )을 벗하면 유익하다.

(   )을 벗하고, (   )을 벗하고,

(   )을 벗하면 해롭다.

배움의 자세

'권학(勸學)'편에 보면 '소년은 늙기 쉽고 학문은 이루기가 어렵네. 짧은 한순간도 가벼이 여기지 말라'는 구절이 등장합니다. 이처럼 '권학(勸學)'편에 들어갈 만한 배움의 자세에 대해 생각해 보고 배움의 자세에 대해 적어 보세요.

(예시)

소년은 늙기 쉽고 학문은 이루기가 어렵다. 짧은 한순간도 가벼이 여기지 말아야 한다.

배움의
자세

부모님을 위한
명심보감 가이드

명심보감을
어떻게
가르쳐야 할까?

인류의 역사에서 가장 위대한 국가로 일컬어지는 로마는 왜 멸망했을까요? 해외 점령지의 팽창, 노예의 증가, 빈부 격차의 확대 등 학자별로 다양한 원인을 꼽습니다. 하지만 학자들마다 공통적으로 꼽는 것은 지배층의 도덕성 타락입니다. 무능과 탐욕, 부정부패, 나태함, 도를 넘는 쾌락 추구 같은 지도층의 도덕적 타락은 가장 강대한 국가였던 로마를 역사의 뒤안길로 사라지게 만들었습니다. 한 국가의 흥망성쇠에 가장 밀접하게 관련하는 것은 그 나라의 도덕성입니다. 도덕성이 높을 때는 흥왕하지만, 도덕성이 낮을 때는 제아무리 강력한 제국이라 하더라도 쇠락의 나락으로 떨어집니다.

오늘날 우리나라는 어떨까요? 국제투명성기구에서는 전 세계 나라들의 부패 정도를 조사하여 매년 부패인식지수CPI, Corruption Perceptions Index를 발표합니다. 2020년 대한민국의 부패인식지수는 100점 만점에 61점, 180개국 중 33위를 기록했습니다. 그나마 많이 향상된 것입니다. 2017년에는 50위권 밖이었습니다. 우리나라의 개인당 국민소득이 20위권이고 경제 규모가 10위권임을 감안하면 현재 부패인식지수는 부끄러운 수준임을 알 수 있습니다. 덴마크, 뉴질랜드, 핀란드 같은 나라들이 높은 순위를 점하고 있지요. 이들 나라는 누구나 부러워하는 복지국가로 진정한 선진국들입니다.

우리나라가 진정한 선진국으로 거듭나려면 무엇보다 국가 전체의 도덕성을 올려야 합니다. 국가의 도덕성이란 결국 개인의 도덕성이 모여서 만들어지는 것입니다. 각 개인의 도덕성을 높이지 않고서는 국가의 도덕성도 절대 높일 수 없습니다. 안타깝게도 도덕성이라는 것은 하루아침에 쉽게 올라가지 않습니다. 아주 서서히 올라갑니다. 또한 타락을 경험한 세대의 도덕성을 끌어올리기는 더욱 어렵습니다. 소망은 자라나는 세대에게 걸어야 합니다. 어린아이들이 제대로 된 도덕성 교육을 받고 바른 가치관을 정립할 수 있다면 대한민국은 분명코 세계 어느 나라도 넘볼 수 없는 선진국이 될 것입니다.

그렇다면 어떻게 하면 자라나는 어린 세대에게 높은 수준의 도덕성을 갖춰 줄 수 있을까요? 가정은 교육 기

능을 잃어 가고, 학교는 경쟁의 각축장이 되어 가고 있습니다. 이런 현실과 마주하여 아이들은 어디에서 수준 높은 도덕성을 배우고 함양할 수 있을까요? 조심스럽지만, 우리 고전에서 그 방법을 찾을 수 있다고 생각합니다.

『사자소학』, 『명심보감』, 『동몽선습』, 『소학』 같은 우리의 인문 고전은 그간 세간의 주목을 크게 받지 못했습니다. 이렇게 된 이유는 일제강점기를 거치면서 일제가 우민화정책의 일환으로 이런 책들을 의도적으로 멀리하게 만들었기 때문입니다. 그렇다고 이런 책들의 가치가 떨어지는 것은 아닙니다. 사람이라면 마땅히 배우고 익혀야 할 덕목들이 이런 책들에 모두 담겨 있습니다. 우리 선조가 우리에게 전해 준 금과옥조들입니다. 이런 책들만 제대로 읽고 배워도 우리 아이들은 세계 최고의 도덕성을 자랑할 것이고, 우리나라는 세계에서 가장 살기 좋은 나라가 될 것입니다.

『명심보감』은 고려 말에 편찬되어 서당이나 가정에서 가장 널리 읽히던 필수교재라 할 만합니다. 『천자문』이나 『사자소학』을 익힌 아동들의 한문교습서로 이용되었을 뿐 아니라 국가 원로대신들도 읽던 책이 바로 『명심보감』입니다. 이 책은 인간의 보편적인 윤리도덕과 착함, 만족, 겸양과 관련된 수양서이자 교훈서입니다. 옛날 책이라 하여 고리타분하고 지금 아이들에게는 도움이 안 되는 것이 아닙니다. 오히려 선현들의 삶에 대한 깊은 통찰력과 지혜를 배우기에 손색이 없는 책입니다. 바른 가르침에 목말라 있는 이 시대 아이들에게 더욱 절실한 책이라고 감히 말씀드리고 싶습니다.

『명심보감』은 실천 윤리 덕목을 강조한 『사자소학』에 비해 좀 더 깊은 내용을 다룹니다. 때문에 이 책에 앞서 『사자소학』을 먼저 배우고, 이 책을 배우는 것이 좋다고 생각합니다. 『명심보감』은 절대 아이들만을 위한 책이 아닙니다. 부모들도 마땅히 읽어야 할 책입니다. 자녀와 부모가 같이 읽으면 가장 좋은 효과를 볼 수 있는 책입니다. 자녀와 함께 하루에 『명심보감』을 한 구절씩 배워 봅시다.

초등학생에게
명심보감이 왜 중요할까?

명심보감이란?

『명심보감』은 고려 말 이후 서당이나 가정에서 가장 널리 읽히던 아동들의 기본교재와 같은 책입니다. 『천자문』이나 『사자소학』을 익힌 아동들의 한문교습서로 사용되었습니다. 700년 이상 즐겨 읽혀 오면서 우리 민족의 정신적 가치관을 형성하는 데 중요한 역할을 한 책입니다.

『명심보감』의 저자에 대해서는 고려 충렬왕 때 예문관제학 벼슬까지 지낸 추적으로 보는 견해와 중국 명나라의 범입본이라고 보는 견해가 갈립니다. 사실 추적이나 범입본도 저자라기보다는 편찬자로 보는 것이 맞습니다. 명심보감 내용은 『경행록』, 『공자가어』, 『예기』, 『시경』, 『역경』과 같은 책에서 뽑아 엮은 책이기 때문입니다. 분량은 편찬자에 따라 다소 차이가 있는데, 보통은 총 20편으로 편찬되어 있습니다. 분명한 사실은 지난 수백 년간 아이들의 기초교육과정의 중요한 교본이 되었다는 사실입니다.

『명심보감』에서 '명심(明心)'은 '마음을 밝게 한다'는 뜻이며, '보감(寶鑑)'은 '보배로운 거울'이라는 뜻을 가지고 있습니다. 즉, '마음을 밝게 하는 보배로운 거울과 같은 책' 정도로 해석하면 됩니다. 책 이름처럼 책 내용은 인간의 보편적인 윤리도덕과 착함, 만족, 겸양과 관련된 수양서이자 교훈서입니다. 이 책은 우리나라뿐만 아니라 중국, 일본 등 동아시아 국가와 네덜란드어나 독일어로 번역되어 서구에까지 유입되어 널리 읽혀 오고 있습니다. 수백 년이 지난 책이지만 이 속에 담긴 수많은 금언(金言)과 명구(名句)들은 오늘날 어린이들이나 부모들도 가슴 깊이 새겨야 할 내용들로 가득한 책이라 할 수 있습니다.

명심보감의 효과

『사자소학』이나 『명심보감』 같은 책을 읽힌다고 하면 많은 부모님이 썩 달가워하시지 않습니다. 혹자는 조선시대 아이들이나 읽는 구닥다리 책을 지금 아이들이 왜 읽어야 하는지 모르겠다고 하는가 하면, 유교 편향적이고 남녀 차별적인 내용을 우리 시대에 왜 읽어야 하는지 모르겠다고 반문하기도 합니다. 그런데 놀라운 사실 한 가지는 이렇게 얘기하는 사람들 중에서 이런 고전들을 제대로 읽은 사람은 없다는 것입니다. 제대로 읽어 보지도 않고 남녀를 차별하는 구닥다리 유교서라고 지레짐작하고 관심도 주지 않는 것은 상당 부분 일제 식민사관의 영향입니다.

저는 『사자소학』이나 『명심보감』을 읽으면서 도덕 교과서에 나오는 내용이 여기에 모두 담겨 있다는 사실에 깜짝 놀랐습니다. 또한 남녀가 유별하다는 내용은 조금 언급되지만 남녀를 차별하는 내용은 거의 찾아볼 수 없다는 사실에도 몹시 놀랐습니다. 『명심보감』의 '부행(婦行)'편 내용은 여성의 덕에 대해 언급하면서 너무 남성 편향적인 내용이 아니냐는 지적이 있기도 합니다. 하지만 이런 내용은 극히 일부이고 대부분 내용이 이 시대에도 꼭 필요하고 그대로 적용될 수 있는 내용입니다. 왜 그럴까요? 사람은 변하지 않기 때문입니다. 조선시대 사람이나 지금 사람이나 본성은 변하지 않습니다. 그렇기 때문에 조선시대 아이들에게 요구된 것들이 지금 아이들에게도 똑같이 요구되는 것입니다. 천 년 전 사람이나 지금 사람이나 느끼는 감정은 동일합니다. 인간에게 요구되는 것 또한 예나 지금이나 변하지 않는 것입니다. 『명심보감』이 조선시대 아이들에게 유용했다면 지금 아이들에게도 유용합니다. 앞으로 백 년 뒤 아이들에게도 유용하고 꼭 필요한 내용일 것입니다.

"그럼 못써. 먼저 사람이 되어야지." 필자가 어렸을 때 부모님께 많이 들었던 말 중에 한마디입니다. 필자의 부모님이 특별했던 것이 아니라 최소한 예전에는 부모들이 자녀에게 가르치는 큰 가르침 중 하나가 바로 '먼저 사람이 되라'는 가르침이었습니다. 『명심보감』에는 아이가 사람다운 사람으로 자라게 하는 내용으로 가득합니다. 부모가 직접 가르칠 수 있는 여건이 아니라면 『명심보감』 같은 책이라도 읽혀야 하지 않을까요? 필자는 이렇게 말하고 싶습니다. '명심보감은 아이를 사람답게 만드는 책'입니다.

사고력이 깊어진다

'착한 일을 하는 사람에게는 하늘이 복을 내리고, 나쁜 일을 하는 사람에게는 하늘이 재앙을
준다.'

'하늘의 명을 따르는 사람은 살고, 하늘의 명을 어기는 사람은 죽는다.'

'만족할 줄 알면 즐거울 것이오, 욕심 부리기를 힘쓰면 근심스럽다.'

'남을 꾸짖는 마음으로 자신을 꾸짖고, 자신을 용서하는 마음으로 남을 용서하라.'

'참지 않고 경계하지 않으면 작은 일이 큰 일이 된다.'

『명심보감』은 이와 같은 다소 형이상학적이고 철학적인 구절로 가득합니다. 이런 구절들
은 다 옳은 구절이고 삶의 지혜와 통찰력을 주는 구절들입니다. 이런 구절들을 생각하고 궁
리할 때 비로소 '사고력'이라는 것이 생깁니다. 깊이 있는 사고력은 영어 단어를 외우고, 수
학 문제를 푼다고 생기는 것이 아닙니다. 안 읽어도 되는 많은 책을 읽는다고 생기는 것도
아닙니다. 쓸모없는 책들을 많이 읽으면 많은 정보와 얄팍한 지식들은 습득할 수 있을지 모
르지만 생각하는 힘 즉 '사고력'은 얻기 어렵습니다. 사고력은 『명심보감』 같은 구절을 깊이
묵상하고 들여다보고 자신에게 적용해 볼 때 생각 주머니가 급속도로 커지며 인생의 혜안
과 통찰력이 생기는 것입니다. 이런 구절들을 통해 생각하는 연습을 할 때 인생의 궁극적인
질문인 '나는 누구인가?', '나는 왜 살아야 하는가?', '진리란 무엇인가?'와 같은 근본적인 질문
에 답을 할 수 있게 되는 것입니다.

도덕 지능이 높아진다

아이가 『사자소학』이나 『명심보감』을 읽으면 가장 좋은 점 중 하나가 도덕 지능MI, Moral
Intelligence이 향상된다는 사실입니다. '도덕 지능'은 미국 하버드대 아동심리학자인 로버
트 콜스Robert Coles가 자기 저서 『도덕 지능The Moral Intelligence of Children』에서 언급
한 용어입니다. 콜스의 주장에 따르면 아이들의 성장에 중요한 지수로 지능지수IQ, 감성지
수EQ와 더불어 도덕지수MQ, Moral Quotient를 언급합니다. 앞으로 인간이 살아갈 시대에는
인공지능이나 로봇이 웬만한 일은 다 하게 되므로 인간적이고 따뜻하며 남을 배려할 줄 아는
'사람다운 사람'이 더욱 절실합니다. 사람다운 사람에게 반드시 필요한 것이 바로 '도덕 지능'
입니다.

도덕 지능을 발전시키기 위해 미국 교육심리학자인 미셸 보바Michele Borba는 일곱 가지 핵심 덕목을 제시했습니다. 다른 사람의 입장에서 생각하는 공감력, 옳고 그름을 아는 분별력, 충동을 조절하여 올바르게 생각하고 행동하는 자제력, 다른 사람과 동물을 소중히 대하는 존중, 다른 사람의 행복에 관심을 두는 친절, 의견이 다른 사람을 존중하는 관용, 정정당당하게 행동하는 공정입니다. 놀라운 사실은 『사자소학』과 『명심보감』이 바로 미셸 보바의 일곱 가지 덕목으로 가득 채워진 책이라는 점입니다.

도덕지수가 높을수록 행복지수가 높게 나타난다는 연구 결과도 있습니다. 서울대 심리학과 곽금주 교수팀은 초등학생 300명을 대상으로 도덕 지능을 측정했습니다. 도덕 지능이 높은 아이들은 인생에 대한 만족도와 행복지수가 높고 희망적이며 좌절도 쉽게 극복하는 반면, 도덕 지능이 낮은 아이들은 인생관 자체가 비관적이었다고 합니다. 또한 도덕 지능이 높은 아이들은 스스로 공부 자신감을 가지고 높은 집중력으로 공부에 몰두했으며 친구들 사이에서도 인기가 있었습니다.

요즈음에는 도덕적으로 살아가면 나만 손해를 본다는 생각이 팽배한 듯합니다. 아이들조차도 이런 생각을 하기 일쑤입니다. 행복하기 위해서는 적당히 비도덕적으로 살아가야 한다고 여깁니다. 절대 그렇지 않습니다. 도덕의식을 가지고 도덕적으로 살아갈 때 도덕 지능이 발달하고 행복지수도 올라갑니다. 『명심보감』이 아이의 도덕 지능을 높이는 길라잡이가 되어 줄 것입니다.

좋은 가치관 형성을 돕는다

3학년 아이들에게 『명심보감』 구절에서 자신에게 가장 와 닿은 구절을 적어 보라고 했더니 한 아이가 다음 구절을 적었습니다.

'만일 다른 사람이 나를 정중하게 대해 주길 원한다면, 내가 먼저 다른 사람을 정중히 대해야 한다.'

이 친구에게 왜 이 구절을 꼽았냐고 물었더니 조금은 수줍은 표정을 지으며 이렇게 말합니다.

"정말 맞는 말 같아서요."

뭐라 콕 집어서 말할 수는 없지만 자신이 이제까지 경험을 통해서 느낀 사실을 이 문장을 통해 알고 깨달은 것이라 생각합니다. 이 아이는 이 문장을 통해 어른들도 잘 깨닫지 못하는 인간관계의 진리를 어렴풋하게나마 깨달았다고 봅니다. 이런 구절을 배우지 않으면 사람들은 보통 인간관계의 문제를 자신에게 찾으려고 하지 않고 상대에게 찾으려고 합니다. 하지만 이런 구절을 배우고 삶에 적용하는 사람들은 인간관계의 문제에 대해 남을 탓하기보다 자신에게 찾으려고 합니다. 종국에는 어떤 사람이 더 행복한 인생을 살아가게 될까요?

『명심보감』에 등장하는 수많은 금언(金言)과 명구(名句)들은 아이의 좋은 가치관 형성을 돕습니다. 특히 초등학교 시절에 형성된 좋은 가치관은 평생을 아이와 함께 하면서 좋은 인생을 만들어 갑니다. 좋은 가치관이 좋은 인생을 만드는 법입니다. 좋은 부모는 아이에게 좋은 가치관을 심어 줄 수 있는 사람이라고 생각합니다. 『명심보감』은 아이에게 좋은 가치관을 심어 줄 수 있는 좋은 부모임에 틀림없습니다.

사회성이 좋아진다

인간이 자라고 성장한다는 것은 다른 말로 사회성이 발달한다는 것입니다. 사회성은 자신이 속한 사회의 한 구성원으로 성장해 가는 과정이라 할 수 있습니다. 사회성에는 여러 요소가 있지만, 핵심 요소는 공감 능력과 배려심입니다. 공감 능력이 없는 사람은 절대로 다른 사람을 배려할 수 없고, 배려심이 없는 사람은 공감 능력이 떨어지기 때문입니다. 높은 공감 능력으로 배려하는 사람은 다른 사람들과의 관계가 원만하므로 어디를 가든 환영을 받으며 주변 사람들에게 행복 바이러스를 퍼뜨립니다.

공감 능력과 배려심의 핵심은 타인을 사랑하는 마음입니다. 다른 사람을 사랑하는 마음이 있어야 비로소 자연스럽게 타인과 공감할 수 있으며 배려도 할 수 있습니다. 하지만 공감과 배려는 어른들도 잘하지 못하는 것이 사실입니다. 어찌 보면 사람이 죽을 때까지 배워야 하는 것이 공감과 배려가 아닐까요. 『명심보감』의 수많은 구절은 공감과 배려와 관련된 구절들입니다.

'사람을 이롭게 하는 말은 따뜻하기가 솜과 같고, 사람을 상처 주는 말은 날카롭기가 가시와 같다.'
'사람이 아니면 참지 못하고, 참지 못하면 사람이 아니다.'

만약 내 아이가 이런 구절을 가슴에 새기고 실천한다면 모든 사람들이 공감과 배려심이

넘치는 아이라고 칭송할 것입니다. 공감과 배려는 어려서부터 죽을 때까지 배우고 훈련해야 합니다. 『명심보감』은 아이의 공감과 배려심을 키워 주는 좋은 훈련서가 될 것입니다.

어휘력이 확장된다

초등학생들의 공부에서 가장 중요하고, 필요한 것은 '어휘력'입니다. 어휘력이 높은 아이는 공부를 잘하기 마련이고, 어휘력이 낮은 아이는 아무리 학원을 보내고 족집게 과외를 시킨들 백약이 무효입니다. 특히 초등학교 시기는 '어휘력 빅뱅 시기'라 할 만큼 어휘력을 습득하는 데 최적의 시기입니다. 초등학교 시기에는 하루에 적게는 10개, 많게는 20개 이상의 새로운 어휘를 습득해야 합니다. 초등학교에 다니면서 어휘를 제대로 습득하지 못하면 공부는 고사하고 평생 어휘력 빈곤자로 살아갈 수밖에 없습니다.

그렇다면 어떻게 아이가 어휘를 많이 습득하게 할 수 있을까요? 현실적으로 독서 외에는 뾰족한 수가 없습니다. 독서 외에 한 가지 방법을 더 들자면 한자 공부를 꼽을 수 있습니다. 우리말에서 한자어 비중은 60퍼센트 정도입니다. 아이들이 배우는 공부 어휘는 80퍼센트 이상이 한자로 이루어져 있지요. 그 때문에 대충이라도 한자를 아는 아이와 모르는 아이는 천지 차이라 할 수 있습니다. 한자를 좋든 싫든 접해 봐야 어휘를 원활하게 습득할 수 있습니다.

한자를 알게 되면 알게 된 한자에서 파생된 여러 단어를 습득하는 데 큰 도움이 됩니다. 예를 들어 '義(옳을 의)'를 알게 되면 이 글자가 들어간 정의, 신의, 예의, 의무 등의 단어 뜻을 이해하는 데 매우 큰 도움을 받게 됩니다.

한자를 낱자로 무조건 외우기 식의 공부는 별로 좋은 방법이 아닙니다. 영어 단어를 문맥을 통해 습득하면 좋듯이 한자도 낱자로 습득하는 것보다는 한문을 통해 습득하는 것이 좋습니다. 이런 측면에서 『명심보감』은 아이에게 큰 도움을 줄 수 있습니다. 이 책에 등장하는 한자는 그렇게 수준이 높은 한자는 아닙니다. 아이가 한자를 500자 정도만 알고 있다면 『명심보감』을 한문 원문으로 공부하는 데 큰 도움이 될 것입니다. 같은 한자가 반복되어 나오는 경우가 많기 때문에 읽고 한 번 써 보는 활동만으로도 자연스럽게 한자 실력이 늘어납니다.

명심보감을 공부할 최적의 시기

『명심보감』을 공부하기 가장 좋은 최적의 시기는 초등학교 때입니다. 물론 좀 더 어리게는 유치원 때나 좀 더 나이 들어서는 중고등학교 때도 읽을 수 있겠지만, 적효성 면에서 초등학교 시기가 단연 최고라고 생각합니다.

『명심보감』은 조선시대 서당이나 가정에서 『천자문』이나 『사자소학』을 뗀, 10세 전후의 아이들이 배우는 책이었습니다. 『사자소학』은 생활, 실천, 윤리적인 내용이 많은 것에 반해 『명심보감』은 유교, 불교, 도교 내용을 아우르는 내용들과 현인들의 지혜를 모아 놓다 보니 내용이 훨씬 깊고 무겁습니다. 이런 이유 때문에 서당에서 아이들만 읽는 책이 아니라 국가원로대신들도 즐겨 읽는 책이기도 했습니다. 그러하기에 어린아이 때 배움을 시작해서 평생에 걸쳐 읽을 만한 가치가 있는 책이라 할 수 있습니다.

뇌과학적인 측면에서도 초등학교 때가 『명심보감』을 읽기에 가장 알맞습니다. 우리 뇌 중에 전두엽은 종합적인 사고력과 인간성을 담당하는 부위입니다. 도덕적인 생각이나 판단으로 사람다운 행동을 할 수 있는 기능은 모두 전두엽 덕분입니다. 그런데 전두엽은 3세 무렵부터 6~7세까지 집중적으로 발달합니다. 전두엽이 어느 정도 발달한 10세 미만의 아이들에게 올바른 도덕성을 가르쳐 도덕성의 바탕을 튼튼하게 다져 주는 것은 뇌과학적인 측면에서 매우 중요합니다. 그때 도덕성의 토대가 제대로 형성되지 않으면 성인이 되어서 반사회적인 행동을 하거나 다른 사람을 전혀 배려할 줄 모르게 됩니다.

초등학교에서 20년 이상 가르치면서 아이들이 의외로 바른 행동, 예의에 벗어나지 않는 행동에 대해 잘 모르는 경우가 많다는 것을 깨달았습니다. 예전에는 가정에서 다 배웠어야 하는 내용이지만, 사회가 급변하고 부모님들이나 아이들이나 너무 바빠지면서 마땅히 배워야 할 것들을 배우지 못하는 경우가 많습니다. 그래도 인간이라면 마땅히 알고 익혀야 할 것들은 어딘가에서는 배워야 합니다. 『사자소학』과 마찬가지로 『명심보감』 또한 좋은 학습 도구가 될 수 있습니다.

명심보감을 공부하면 아이가 달라진다

제가 가르치는 학교에서는 전교생 고전 읽기를 하고 있습니다. 총 100권의 고전을 각 학년 별로 17권 정도씩 읽어 가는 프로그램입니다. 『명심보감』 책도 100권의 고전 중에 한 권인데 3학년들의 필독서입니다. 아이들과 책을 읽으면서 자신이 가장 좋아하는 베스트 명구절을 소개하는 시간을 가졌습니다. 아이들의 많은 사랑을 받은 구절이 있어 칠판에 적어 놓았습니다.

'착한 일을 하는 사람은 하늘이 복을 내리고, 나쁜 일을 하는 사람은 하늘이 재앙을 내린다.'
'사람이 아니면 참지 못하고, 참지 못하면 사람이 아니다.'

어느 날은 남자아이 두 명이 서로 욕하고 싸우는 일이 발생했습니다. 두 친구를 훈계하고 있는데 어떤 남자아이가 이런 말을 합니다.

"선생님, 이 친구들은 사람이 아닌 거 같아요."

이 말을 들은 싸운 친구들은 도끼눈을 하고 이 친구를 째려보았습니다. 이 친구에게 왜 그러냐고 물었더니 칠판에 써 있는 구절을 가리키며 말합니다.

"사람이 아니면 참지 못하고, 참지 못하면 사람이 아니라고 했잖아요. 이 친구들은 참지 못했으니까 사람이 아닌 거 아닌가요?"

『명심보감』은 아이들에게만 좋은 책이 아닙니다. 한 엄마는 아이가 학교에서 『명심보감』을 읽을 때 같이 읽었는데 너무 좋았다며 이런 좋은 책을 이제야 읽게 되어 아쉽다고 말하는 것도 봤습니다. 『명심보감』은 아이와 부모가 같이 읽기에 가장 좋은 책이라 생각합니다. 같이 읽으면 아이는 아이대로 부모는 부모대로 성장할 수 있는 책입니다.

"마땅히 행할 길을 가르치라. 그리하면 늙어도 그 길을 떠나지 않을 것이다." 이것은 『구약 성경』 중 「잠언」에 나오는 문장입니다. 이 구절대로 마땅히 행할 길을 가르치면 평생 그 길을 떠나지 않는 법입니다. 하지만 마땅히 행할 길을 가르치지 않으면 어떻게 되겠습니까? 어디로 가야 하는지 몰라 방황할 뿐입니다. 『명심보감』은 마땅히 행할 길을 가르치기에 참 좋은 책입니다. 또한 남다른 인생의 지혜를 배울 수 있는 책입니다.

명심보감, 어떻게 접근해야 할까?

 명심보감 2개월 완성 프로젝트

이 책은 『명심보감』 구절 중에서 초등학생들에게 가장 필요하고 적합하다고 생각되는 50구절로 구성되어 있습니다. 초등학생들에게는 결코 적지 않은 분량입니다. 하루에 한 구절씩 한다면 꼬박 두 달이 걸리는 분량입니다. 다음과 같은 몇 가지를 유의하면서 이 책을 활용하면 큰 도움이 될 것입니다.

명심보감에 대한 기대감을 키워라

아이가 어떤 책을 시작할 때 그 책에 대한 기대감을 갖고 시작하느냐 아니냐에 따라 결과는 매우 달라질 수 있습니다. 부모 성화에 못 이겨 억지로 시작하면 거의 실패할 것입니다. 아이가 이 책에 대한 기대감을 가지고 시작할 수 있도록 하면 절반은 성공입니다. 아이가 책에 대한 관심이나 기대감을 갖게 하는 좋은 방법은 책의 가치에 대해 설명해 주는 것입니다. 『명심보감』이 얼마나 대단하고 명심보감을 읽으면 어떤 점이 좋은지에 대해 아이에게 소개하는 것입니다. 결정적으로 훌륭한 사람이 되는 길을 가르쳐 주는 책이란 점을 강조하면 좋습니다. 자기가 공부하려는 책이 대단한 책이란 것을 아이가 깨달으면 책을 대하는 태도가 달라집니다. 『명심보감』에 대한 소개는 부록의 첫 부분을 참고하면 됩니다.

하루에 한 구절씩만!

책의 종류에 따라 읽는 목적이 달라지고 책을 읽는 방법도 달라지기 마련입니다. 『명심보감』은 이야기처럼 스토리가 있는 책도 아닙니다. 구절을 보면서 그 뜻을 묵상하고 생각하고 깨달음을 얻어 궁극적으로 자신을 변화시키기 위해 읽는 것입니다. 이런 책을 욕심부려 며칠 만에 해치우듯이 읽었다고 한다면 정말 책을 읽은 것이라 할 수 있을까요? 하루에 한 구절이면 충분합니다. 아마도 한 구절을 읽고, 쓰고, 실천하는 데 걸리는 시간으로 30분 정도면 충분할 것입니다. 아이의 하루 일정에서 30분만 빼서 『명심보감』 읽는 시간을 마련해 주시면 됩니다.

명심보감 구절로 절대 아이를 비난하지 않는다

저는 한때 학교에서 잘못한 아이들에게 『명심보감』을 한 장씩 필사를 시키곤 했습니다. 이렇게 하다 보니 많은 아이들이 『명심보감』은 '뭔가 잘못했을 때 읽고 쓰는 책'처럼 책에 대한 이미지가 안 좋게 변하는 것을 보았습니다. 그래서 당장 이 활동을 그만두었습니다. 책에 대한 인상이 별로 좋지 않은데 그 책에서 좋은 것을 배우기는 어려울 것입니다. 비슷한 사례로 책에 나오는 구절로 아이를 혼내거나 비난하는 구절로 사용하는 것도 매우 좋지 않습니다. 아이가 무엇인가를 잘못할 때마다 "명심보감이 그렇게 가르쳤니?", "명심보감 읽으나 안 읽으나 똑같네"와 같은 말을 한다면 아이는 이 책을 읽고 싶을까요? 『명심보감』을 회초리 대용으로 사용하지 마세요. 비난의 도구로 사용하지 말기를 바랍니다. 오히려 이 책을 읽고 아이가 조금이라도 변한다면 『명심보감』을 칭찬의 도구로 활용해 주세요. "명심보감을 읽더니 정말 달라진 것 같다"와 같은 칭찬 말입니다. 아이가 『명심보감』을 더 사랑하게 될 것입니다.

명심보감을 끝내면 아이가 받을 적절한 보상을 제시한다

두 달에 걸쳐 이 책을 마치기까지 아이에게 적절한 보상을 제시해 주는 편이 좋습니다. 그래야 중간에 포기하지 않고 끝까지 책장을 넘길 수 있는 힘이 생깁니다. 사실 초등학생에게 두 달은 너무 긴 시간입니다. 일주일에 한 번씩 소소한 보상을 해 주고 마지막에는 좀 더 큰 보상을 해 주는 것이 좋습니다.

의미도 재미도 놓치지 않는 명심보감 공부법

『명심보감』과 같은 책을 공부하는 방법은 참으로 다양할 것입니다. 그중에서 제가 학교 현장에서 아이들을 지도하면서 효과적이었던 방법을 몇 가지 소개합니다. 이를 참고하셔서 아이에게 잘 맞는『명심보감』공부법을 찾아보시길 바랍니다.

부모님과 같이하라

『명심보감』을 같이 읽는 가장 좋은 방법으로 추천하고 싶은 방법이 바로 '부모님과 함께 읽기'입니다.『명심보감』은 앞서도 밝혔지만 조선시대에 어린 학동들뿐만 아니라 국가원로대신들도 읽던 책입니다. 어린아이와 어른이 같이 읽을 수 있는 책입니다. 부모님도 같이 읽게 된다면 그 효과는 배가 될 것입니다. 뿐만 아니라 부모님도 분명 큰 깨달음을 얻을 수 있을 것입니다.

　매일은 어렵겠지만 일주일에 한 번 정도는 온 가족이 이 책을 펴 놓고 같이 읽고 쓰고 물음에 답하고 그날의 구절에 대해 느낌과 소감을 서로 이야기하는 시간을 가져보십시오. 자녀와 소통이 원활해지고 가족 간의 서로에 대한 이해가 높아질 것입니다. 30분이면 충분합니다. 이 활동이 좋다면 아예 일주일에 한 번씩 가족들이 둘러앉아『명심보감』을 공부하는 시간을 가져 보세요. 50구절을 다 하려면 꼬박 1년이 걸릴 것입니다. 1년 동안 가족이 같이 읽은 책은 아이에게 어떤 영향을 줄까요? 분명 아이 뇌리 속에 깊이 각인될 뿐만 아니라 아이에게 '인생의 책'이 될 것입니다. 가족이 같이하는 시간에 부모는 자녀에게 세상을 살아가는 지혜와 가치관을 『명심보감』의 구절을 빌어 말해 줄 수 있는 기회가 될 것입니다. 좋은 가치관을 가르쳐 준 부모가 좋은 부모가 아닐까요?

필사하라

필사(筆寫)는 말 그대로 베껴 쓰기를 말합니다. "또렷한 기억보다 흐릿한 메모가 낫다"라고들 합니다. 쓰기의 중요성을 강조한 말입니다. 열 번이고 백 번이고 읽는 것보다 한 번 써 보는 것이 훨씬 나은 방법일 수 있습니다.

제가 가르치는 학교에서도 『명심보감』은 3학년 필사 지정 도서로 되어 있습니다. 아이들이 몇 개월 또는 1년에 걸쳐 『명심보감』을 필사해 가는 것입니다. 필사는 책을 가장 깊이 읽는 방법입니다. 또, 따라 쓰다 보면 필력이 좋아져 글씨를 잘 쓰게 됩니다. 그뿐만 아니라 필사를 하는 동안에는 걱정이나 잡념이 사라지고 마음이 차분해지며 우울이 가라앉아 행복감이 올라가기도 합니다.

이 책에도 매 구절마다 한자 구절과 그 뜻을 한 번씩 필사할 수 있도록 배치해 놓았습니다. 한자는 한 번 써 보면 다음에 같은 한자를 봤을 때 낯설게 느껴지지 않습니다. 구절의 뜻을 필사하면 그 뜻이 더욱 명확해지고 가슴에 새겨집니다.

암송하라

『명심보감』에 아무리 좋은 금언과 경구들이 있다고 해도 그중에 암기된 구절만이 오롯이 내 것이 될 수 있습니다. 암기된 구절은 우리 의식 혹은 무의식 중에 잠자고 있다가 내가 필요할 때마다 나와 동행해 줍니다. 인생의 좌표가 되기도 하고 갈 길 몰라 방황할 때 나침반과 같은 역할을 합니다. 마음에 와 닿는 구절이나 큰 깨우침을 준 구절은 외우는 것처럼 좋은 것이 없습니다. 또한 구절을 외우면 말하거나 글쓰기를 할 때 인용 말하기와 인용 글쓰기가 가능해집니다. 금언과 경구들을 인용해서 말하거나 글을 쓰면 고급스러운 표현 능력을 갖추게 되는 효과도 누릴 수 있습니다.

어른들에게 암기는 고역이지만 아이들에게는 유희입니다. 자기들이 가장 잘할 수 있는 장기이자 왕성한 학습으로 이어지는 무기입니다. 어렸을 때 암기한 것은 금방 잊는 것도 많지만 어떤 것은 장기 기억으로 전환되어 평생 기억되기도 합니다.

효과적이고 쉽게 『명심보감』 구절을 외우기 위해 오늘의 구절을 공부하기 전, 앞에서 공부했던 구절들을 한 번씩 큰 소리로 읽어 보면 좋습니다. 이렇게 하면 책이 끝날 때쯤 대부분의 구절을 최소 수십 번은 반복해서 읽을 수 있습니다. 이렇게 최소 수십 번을 읽으면 아이가 자연스럽게 외우게 될 것입니다. 최소한 흥얼거릴 정도는 될 것입니다. 이렇게 외워진 구절은 자신도 모르게 어느 순간 생각나고 곱씹어 보게 됩니다.

재미있는 독후 활동을 한다

음식은 먹는 것도 중요하지만 먹은 음식을 잘 소화시키는 것이 더 중요합니다. 그래야 음식의 영양분을 충분히 흡수하고 건강해질 수 있습니다. 책 읽기도 마찬가지입니다. 책을 읽는 것도 중요하지만 그보다 더 중요한 것이 독후 활동입니다. 독후 활동을 통해 그 책의 진정한 가치를 흡수하고 소화시킬 수 있습니다. 독후 활동의 질이 책 읽기의 질을 결정할 수 있습니다.

이 책에서는 '쉬어가는 마당' 코너를 마련했습니다. 『명심보감』 한 편이 끝나면 그 편의 주제와 연관시켜 할 수 있는 다양한 독후 활동을 하도록 했습니다. 아이 입장에서 부담스럽지 않으면서 『명심보감』 읽기가 즐거워질 수 있는 활동으로 배치했습니다. 이 책의 가장 큰 장점인 만화도 이런 측면에서 넣은 것입니다.

배운 대로 실천하라

『명심보감』을 배우는 이유는 이 책의 가르침을 알고 익혀 실천하는 사람이 되기 위함입니다. 만약 배워 알게 된 내용을 실천하지 않는다면 헛배운 것입니다.

이 책에서도 이 점을 강조하기 위해 구절마다 '다 같이 생각하고 실천해요' 코너를 준비했습니다. 구절의 뜻을 깨우치고 구절에 비추어 자신의 삶을 반추해 보고 잘못된 부분이 있다면 조금씩이라도 고쳐 가려고 노력한다면 얼마나 좋을까요? 이 과정에서 부모의 역할이 중요합니다. 아이가 『명심보감』을 공부하면서 조금이라도 달라진 말이나 행동이 있다면 크게 칭찬해 주세요. 그리고 격려해 주세요. 이런 칭찬과 격려 속에서 아이는 자신이 괜찮은 사람이고 쓸모 있는 사람이라고 생각하기 시작합니다. 자존감이 올라가는 것입니다. 이런 과정을 거쳐 아이는 조금씩 달라지는 것입니다.

명구절을 삶의 좌표로 삼으라

『명심보감』을 다 읽은 후에 베스트 명구절을 꼽아 보세요. 명구절은 '가장 기억에 남는 구절', '가장 큰 깨달음을 주었던 구절', '정말 멋지다고 생각한 구절', '가장 많이 생각하게 만든 구절' 등을 꼽으면 좋습니다.

이 중에서 평생 기억하고 싶은 문장을 한두 개 뽑아서 아이 책상에 붙여 놓으세요. 자주 읽어 보면 자신도 모르게 인생의 좌표와 같은 역할을 해 줄 수 있을 것입니다.

특별부록 2

오늘의 퀴즈 정답지

순서		정답
계선(繼善)편	01 위선자 천보지이복 위불선자 천보지이화	1 복, 재앙 2 報(갚을 보) 3 禍(재앙 화)
	02 물이선소이불위 물이악소이위지	1 착한 일, 나쁜 일 2 小(작을 소) 3 勿(말 물)
	03 일일불념선 제악개자기	1 착한 일, 나쁜 일 2 念(생각 념) 3 日(날 일)
천명(天命)편	04 순천자 존 역천자 망	1 따르는, 거스르는 2 順(따를 순) 3 存亡(존망)
	05 악관약만 천필주지	1 악한 마음, 하늘 2 滿(가득할 만) 3 必(반드시 필)
	06 종과득과 종두득두	1 오이, 콩 2 種(씨 종) 3 豆(콩 두)
순명(順命)편	07 사생 유명 부귀 재천	1 죽고, 부유함 2 生(살 생) 3 富貴(부귀)
	08 만사 분이정 부생 공자망	1 분수, 바쁘게 2 分(나눌 분) 3 萬事(만사)
	09 화불가이행면 복불가이재구	1 화, 복 2 倖(요행 행) 3 禍福(화복)
효행(孝行)편	10 부혜생아 모혜국아	1 아버지, 어머니 2 我(나 아) 3 父母(부모)
	11 부명소 유이불락 식재구즉토지	1 대답, 뱉고 2 吐(토할 토) 3 食(음식 식)
	12 효어친 자역효지 신기불효 자하효언	1 효도, 불효 2 孝(효도 효) 3 身(몸 신)

정기(正己)편	**13 견인지선이심기지선 견인지악이심기지악**	**1** 착함, 악함 **2** 善惡(선악) **3** 見(볼 견)
	14 문인지방 미상노 문인지예 미상희	**1** 비난, 칭찬 **2** 謗(헐뜯을 방) **3** 喜怒(희로)
	15 무용지변 불급지찰 기이물치	**1** 쓸데없는, 급하지 않은 **2** 無用(무용) **3** 察(살필 찰)
안분(安分)편	**16 지족가락 무탐즉우**	**1** 만족, 욕심 **2** 足(족할 족) **3** 憂(근심 우)
	17 지족자 빈천역락 부지족자 부귀역우	**1** 즐겁고, 근심스럽다 **2** 貧富(빈부) **3** 亦(또 역)
	18 지족상족 종신불욕 지지상지 종신무치	**1** 만족함, 그침 **2** 終身(종신) **3** 辱(욕될 욕)
존심(存心)편	**19 단당이책인지심 책기 서기지심 서인**	**1** 꾸짖고, 용서하라 **2** 責(꾸짖을 책) **3** 恕(용서할 서)
	20 시은물구보 여인물추회	**1** 보답, 후회 **2** 恩(은혜 은) **3** 悔(후회할 회)
	21 책인자 부전교 자서자 불개과	**1** 꾸짖는, 용서 **2** 過(허물 과) **3** 責(꾸짖을 책)
계성(戒性)편	**22 인성여수 수일경즉불 가복 성일종즉불가반**	**1** 물, 방종 **2** 性(성품 성) **3** 反(되돌릴 반)
	23 득인차인 득계차계 불인불계 소사성대	**1** 참고, 큰 일 **2** 戒(경계할 계) **3** 忍(참을 인)
	24 난인난인 비인불인 불인비인	**1** 참는 것, 사람 **2** 難(어려울 난) **3** 非(아닐 비)

근학(勤學)편	25 옥불탁 불성기 인불학 부지의	1 옥, 사람 2 學(배울 학) 3 義(옳을 의)
	26 인생불학 여명명야행	1 배우지, 밤길 2 冥(어두울 명) 3 夜(밤 야)
	27 학여불급 유공실지	1 배우기, 잃을까 2 及(미칠 급) 3 失(잃을 실)
훈자(訓子)편	28 사수소 부작불성 자수현 불교불명	1 작은 일, 현명 2 賢明(현명) 3 教(가르칠 교)
	29 황금만영 불여교자일경	1 황금, 경서 2 滿(가득할 만) 3 經(경서 경)
성심(省心) 상편	30 욕지미래 선찰이왕	1 미래, 지나간 날 2 未來(미래) 3 已往(이왕)
	31 불경일사 부장일지	1 경험, 지혜 2 經(겪을 경) 3 長(자랄 장)
	32 천불생무록지인 지불장무명지초	1 하늘, 땅 2 天地(천지) 3 祿(복 록)
성심(省心) 하편	33 욕식기인 선시기우 욕지기부 선시기자	1 친구, 아들 2 友(벗 우) 3 父子(부자)
	34 수지청즉무어 인지찰즉무도	1 물고기, 사람 2 魚(물고기 어) 3 察(살필 찰)
입교(立教)편	35 독서 기가지본 근검 치가지본	1 독서, 검소함 2 讀書(독서) 3 本(근본 본)
	36 일생지계 재어유 일일지계 재어인	1 일생, 하루 2 幼(어릴 유) 3 寅(새벽 인)
치정(治政)편	37 당관지법 유유삼사 왈청 왈신 왈근	1 청렴함, 부지런함 2 淸(맑을 청) 3 愼(삼갈 신)

치가(治家)편	38 자효쌍친락 가화만사성	1 효도, 화목 2 雙(쌍 쌍) 3 成(이룰 성)
	39 관조석지조안 가이복인가지흥체	1 아침밥, 집안 2 朝夕(조석) 3 興(흥할 흥)
안의(安義)편	40 인륜 위중야 불가무독	1 인륜, 돈독 2 重(무거울 중) 3 篤(돈독할 독)
	41 형제 위수족 수족단처 난가속	1 손발, 잇기 2 兄弟(형제) 3 手足(수족)
준례(遵禮)편	42 약요인중아 무과아중인	1 정중, 정중 2 重(무거울 중) 3 我(나 아)
	43 부불언자지덕 자불담부지과	1 아버지, 아들 2 德(덕 덕) 3 過(허물 과)
언어(言語)편	44 언불중리 불여불언	1 이치, 말 2 理(이치 리) 3 言(말씀 언)
	45 구설자 화환지문 멸신지부야	1 문, 도끼 2 患(근심 환) 3 滅(멸망할 멸)
	46 이인지언 난여면서 상인지어 이여형극	1 솜, 가시 2 利(이로울 이) 3 荊棘(형극)
교우(交友)편	47 군자 필신기소여처자언	1 군자, 신중 2 君子(군자) 3 處(머물 처)
	48 불결자화 휴요종 무의지붕 불가교	1 열매, 의리 2 結(맺을 결) 3 義(옳을 의)
	49 노요지마력 일구견인심	1 힘, 마음 2 馬力(마력) 3 人心(인심)
권학(勸學)편	50 물위금일불학이유내일 물위금년불학이유내년	1 내일, 내년 2 今日(금일) 3 來日(내일)

어휘 쑥쑥 논리 쑥쑥
초등 명심보감

초판 1쇄 발행 2022년 5월 4일 **초판 7쇄 발행** 2024년 7월 26일

지은이 송재환
그린이 인호빵
펴낸이 최순영

출판1 본부장 한수미
라이프 팀
편집 김소현

펴낸곳 ㈜위즈덤하우스 **출판등록** 2000년 5월 23일 제13-1071호
주소 서울특별시 마포구 양화로 19 합정오피스빌딩 17층
전화 02) 2179-5600 **홈페이지** www.wisdomhouse.co.kr

ⓒ 송재환·인호빵, 2022

ISBN 979-11-6812-296-3 63700

어휘 쑥쑥 논리 쑥쑥
머리에 쏙쏙! 한눈에

01

위선자 천보지이복 위불선자 천보지이화
爲善者 天報之以福 爲不善者 天報之以禍

착한 일을 하는 사람에게는 하늘이 복을 주고, 나쁜 일을 하는 사람에게는 하늘이 재앙을 준다.

02

물이선소이불위 물이악소이위지
勿以善小而不爲 勿以惡小而爲之

착한 일은 아무리 작더라도 해야 하며, 나쁜 일은 아무리 작더라도 해서는 안 된다.

03

일일불념선 제악개자기
一日不念善 諸惡皆自起

하루라도 착한 일을 생각하지 않으면, 온갖 나쁜 일이 모두 저절로 일어난다.

04

순천자 존 역천자 망
順天者 存 逆天者 亡

하늘의 명에 따르는 사람은 살고, 하늘의 명에 거스르는 사람은 망한다.

05

악관약만 천필주지
惡鑵若滿 天必誅之

만약 악한 마음이 가득 차면, 하늘이 반드시 그를 죽일 것이다.

초등 명심보감
보는 핵심 구절 50